설득의 스토리텔링

How to Move Minds and Influence People

설득의 스토리텔링

초판 1쇄 발행 | 2011년 1월 10일
초판 2쇄 발행 | 2011년 4월 14일

지은이 이안 커러더스
옮긴이 도흥찬
책임편집 조성우
편집 손성실
용지 월드페이퍼(주)
제작 미르인쇄

펴낸곳 생각비행
등록일 2010년 4월 16일 | **등록번호** 제313-2010-92호
주소 서울시 마포구 성산동 278-33 201호
전화 02) 3141-0485
팩스 02) 3141-0486
이메일 ideas0419@hanmail.net
블로그 www.ideas0419.net

ⓒ 생각비행, 2010, Printed in Korea
ISBN   978-89-94502-03-8 13320

책값은 뒤표지에 있습니다.
잘못된 책은 바꾸어 드립니다.

설득의 스토리텔링

How to Move Minds and Influence People

이안 커러더스 지음 | **도흥찬** 옮김

생각비행

뛰어난 기업가는 훌륭한 스토리텔러다

나는 밀워드 브라운Millward Brown이라는 시장 조사를 전문으로 하는 회사에 다닌 적이 있다. 설립자 중 한 명인 고든 브라운은 — 지금 당신이 머릿속에 떠올리는 그 고든 브라운이 아니다 — 임원회의나 직원회의에서 우리게게 한 가지 특별한 이야기를 해 주곤 했다.

1960년대에 일을 시작한 그는, 실적이 그리 좋지 않은 한 유명한 기업 연구 회사에 그용되어 일한 적이 있다. 그 회사는 런던에 있는 평범한 사무실 건둘의 한 층을, 직원이 40명 정도 되는 화이트 피시라는 정부 기관과 나누어 쓰고 있었다.

고든이 다니던 회사는 이따금 직원을 정리 해고해야 했고, 그럴 때마다 사무실 공간도 조금씩 줄어들었다. 파티션이 움직이고, 화이트 피시 직원들이 빈 공간을 침입해 들어왔다. 화이트 피시가 어떤 일을 하는 곳인지 확실히 알 수 없었지만, 그 기관에서 하는 일에 대한 수요가 늘고 있다는 것만은 확실했다. 파티션은 계속 움직였다.

이 이야기는 밀워드 브라운의 성장에 있어, 파워포인트로 작성한 100장의 슬라이드보다 더 많은 도움이 됐고, 훨씬 더 큰 효과가 있었다. 고든은 사람들에게 비즈니스에는 성장하는 것과 그렇지 않은 것, 두 종류가 있으며, 화이트 피시가 침범해 오는 것을 원하는 사람은 아무도 없을 거라고 이야기하고 있었다.

여느 좋은 기업가들과 마찬가지로 고든 브라운은 이야기를 사용했다. 그리고 고든 자신의 이야기도 활용할 수 있었다. 그는 변화를 가져오고 싶었다. 더 영향력 있는 지혜를 사업적인 결정에 적용하고 싶었다. 이게 바로 그의 원동력이었다. (그가 지금 항해하고 있을 요트도 마찬가지로 그의 원동력이지만 ……)

우리 개개인 모두 변화를 일으킬 수 있다. 이 책은 당신이 다른 사람에게 영향을 줌으로써 변화를 창조해낼 수 있게 도우려고 한다. 화려한 기법이나 복잡한 이론을 말하려는 게 아니다. 우리는 스토리텔링으로 변화를 일으킬 것이다.

이 책은 두 Part로 구성되어 있다. 첫 Part인 1장부터 5장까지는, 당신이 직장에서나 일할 때 사람들에게 영향을 미치는 데 도움이 되는 일련의 아이디어와 도구를 제공한다. 어떻게 하면 이야기를 만드는 기술을 이용해 자신의 일 이야기를 설득력 있게 표현하고, 다른 사람들이 당신과 함께 행동할 수 있게 하는지 실례를 들어가며 보여준다.

Part 2에서는 당신 자신의 이야기를 들여다본다. 당신이 어디에서 왔으며, 무엇을 하고 있고, 어딜 향해 가는지, 당신의 이야기를 종합하고 구성할 것이다.

　부록에는 직장에서 사람들에게 영향을 미치고자 할 때 부분적으로 참고할 수 있는 유용한 이야기들을 모아두었다.

　누구든 이 책에 대한 피드백을 주고 싶거나, 어떻게 이 책을 사용했는지 알려주고 싶으면, 언제든지 메일을 보내주걸 바란다. 아니면 그저 나에게 이야기를 하나 들려줘도 기쁘리라.

이안 커러더스

moveminds@encounterbusiness.com

차례

PART 2 삶과 스토리텔링

부록 비즈니스 현장에서 유용한 이야기들   182

설득의 스토리텔링

How to Move
Minds and Inf

PART 1

일과
스토리텔링

상대방이 회의적이거나 방어적인 태도를 취하는데도

당신이 원하는 결과를 이끌어낼 수만 있다면?

그들이 당신 편이 되어

당신의 관점에서 세상을 바라보며 만족스러워 한다면?

그들이 가능성을 발견할 수만 있다면?

이야기가 이 모든 것을 가능하게 할 것이다.

Chapter 01

이야기란 무엇인가?

1 이야기에 대한 갈증

세상이 혼란스럽게 느껴지지 않는가? 주변 상황이 힘들고 어려워질수록 변하지 않는 가치와 신념에 대한 갈증은 더해 간다. 이야기는 세상이 변하더라도 변하지 않고 지속되는 신념과 가치에 관한 것이다. 이것이 바로 이야기가 중요하고 힘이 있는 까닭이며, 많은 사람에게 영향을 주는 데 대단히 유용한 이유이다.

당신은 이야기가 단지 변화에 관한 것, 갖가지 사건이나 갈등을 다른 것이라고 생각할지 모른다. 물론 그 생각도 맞지만, 이야기는 우리에게 가장 중요한 것, 중심이 되는 것을 일깨워준다. 살아가면서 부딪히는 여러 선택의 기로에서 그런 중심이 없으면 목적 없이 표류하게 되고 현재의 일을 과거나 미래와 연결 짓지 못한다.

이야기는 바로 여기에서 인간에게 필요한 것을 만족시키기 위해 존재한다. 지속되어야 할 삶의 본질과 가치에 대해 확신을 주기 위해서 존재한다. 그리고 우리가 이야기하는 방식 또한 듣고 소통하고자 하는 인간의 욕구를 충족한다.

이 책에서는 당신이 이미 알고 있는 몇 가지 이야기를 언급할 것이다. 책 곳곳에서 세 편의 영화 〈에린 브로코비치〉〈아메리칸 뷰티〉 그리고 〈쇼생크 탈출〉을 조금씩 다룰 것이다. 세 편의 영화를 모두 다 보지 않았어도 상관없다.

이들 영화에서는 온갖 종류의 예상치 못한 사건이 일어나지만, 그런 사건의 변화에도 불구하고 변하지 않고 지속되는 것이 있다.

변하는 것 (사건/드라마)	변하지 않는 것 (신념/가치)
〈에린 브로코비치〉 세 아이의 엄마로서 악착같이 살아가는 한 여성이 법률회사에 취직해서 대기업을 상대로 소송을 벌인다. 이 과정에서 자신의 사랑과 가족의 안전을 위협받는다.	에린 브로코비치의 공정성에 대한 강한 믿음
〈아메리칸 뷰티〉 한 가정의 가장이 회사에서 해고당하고, 십 대 딸의 친구에게 빠져들고, 아내의 불륜을 목격하고, 이웃집 마약 딜러의 아버지인 욕구불만이 가득한 사람에게 살해당한다.	레스터 번햄의 삶은 즐길만한 가치가 있다는 믿음
〈쇼생크 탈출〉 한 은행가가 간통한 아내를 살해한 혐의로 부당하게 감옥에 갇혀 20년의 세월을 보내고 그곳에서 구타와 강간을 당하지만, 결국 상상을 초월하는 방법으로 탈출에 성공한다.	앤디 듀프레인의 자신만의 방식으로 탈출해서 생존하리라는 믿음

수백만이나 되는 사람들이 이 세 편의 영화를 본 이유는 사람들에게 경이로움을 불러일으키기 때문이다. 우리는 영화를 보면서 자신도 모르게 주인공 편이 되어 응원한다. 우리가 갖고 있는 믿음과 신념을 주인공이 어려운 상황과 힘든 환경 속에서도 실천하기 때문이다. 이 세 편의 영화 속 일들이 우리에게 일어난다면, 과연 우리도 영화 속 주인공들처럼 용감하게 삶을 개척해 나갈 수 있을지 내심 궁금해진다.

우리에게는 삶의 중심이 되는 가치관이 필요하다. 그러나 정의正義나 경이驚異, 생존과 같은 추상적인 특성과 가치관을 동일시하기는 어렵다. 그런 개념이 누군가에 의해 실현되어야만 한다. 그런 개념을 구현하는 이야기가 우리에게 필요하다. 바로 이 때문에 21세기, 이 해체된 세상에서 이야기에 대한 열망이 그렇게도 간절한 것이다. 영원히 변치 않고 지속될 신념이 우리에겐 필요하다.

심리치료

유명한 심리치료사가 있다. 그는 치료할 때 모든 사람의 삶은 소설과 같다고 가정하고 환자를 대한다. 흥미진진한 당신 삶의 드라마에 귀 기울이며, 헌신적으로 당신을 돕고자하는 누군가와 함께 앉아있다고 생각해 보라.

심리치료사가 해야 할 일 중 하나는 사람들이 어떤 행동을 하는 원인을 스스로 발견하게끔 도와주는 것이다. 특히 불안과 고통을 불러오는 행동의 원인을 환자가 알아차리도록 도와야 한다. 이는 어떤 행동을 하는 원인은 그런 행동을 취하게끔 하는 일정한 패턴의 신념이 환자에게 자리 잡고 있기 때문이라는 발상에서 비롯된다. 이런 신념은 대개 숨겨져 있어 자신도 알지 못한다. 그렇지 않고서야 극적인 드라마가 있을 수 있겠는가?

2 설득의 도구, 이야기

이 시점에서 아마 이런 의문이 생길 것이다. '그래, 이야기가 왜 필요한지 알겠어. 하지만 내가 지금 하는 일, 하고자 하는 일에 도대체 이야기가 어떤 도움이 된다는 거지?'

- 프로젝트 진행
- 팀원들 이끌기
- 성공적인 계약 체결
- 일을 성공적으로 마무리하고 정시에 퇴근하기

이야기가 과연 이런 일에 어떤 도움이 될까? 이런 각각의 일을 성공적으로 처리하려면 관련된 사람들이 일을 잘해낼 수 있게 당신이 영향력을 행사해야 한다. 당신이 맡은 일이나 모험적인 시도의 성공 여부는 사실상 당신의 영향력과 직접적으로 연관되어 있다.

영향력을 행사한다는 말이 누군가에게는 거북하게 들릴 수 있다. 개인적 목적을 위해 다른 사람을 조종한다는 뜻으로 비칠 수도 있고, 실제로 악인의 손에서는 그렇게 행사되기도 한다. 히틀러의 충성스러운 부하이자 나치 선전 활동에 탁월한 능력을 보인 괴벨스는 정치적 목적을 위해 이야기를 아주 효과적으로 사용한 대표적인 인물이다.

그러나 '영향을 미친다'라는 의미의 영어 단어 'influence'는 '흐르다'라는 뜻의 라틴어 'fluere'에서 유래한 말이다. 따라서 다른 사람에게 영향을 미친다는 것은 그 사람이 자유롭게 되도록 돕는 것을 의미한다. 이 개념은 사회 모든 분야에 아주 유용하게 적용될 수 있을 듯하다.

당신이 조직 내에서 어떤 변화를 일으키고자 한다면 이 개념은 특히 실용적이다. 당신이 중간 관리자이거나 감독, 팀장, 이사라면 다른 사람이 업무를 완수할 수 있도록 도와주는 것이 가장 기본적인 임무이다. 그렇게 하려면 당신은 그들에게 어떤 식으로든 영향을 끼쳐야 한다. (설사 당신이 그런 거창한 위치에 있지 않다 해도, 영향력이 없다면 일을 제대로 하고 있지 않다고 말할 수 있다.)

사람들에게 영향을 미치는 방법은 다양하다. 구슬릴 수도 있고, 아부할 수도 있으며, 심지어 위협할 수도 있다. 그러나 가장 강력하고 효과적인 방법은 하는 일의 결과가 어떻게 달라질 수 있는지 그들 스스로 상상할 수 있게 이끄는 것이다.

이야기는 태곳적부터 사람들에게 영향을 끼치는 수단으로 사용되어

왔다. 선사시대에는 불가사의한 짐승에 관한 이야기가 있었고, 동서양에는 예로부터 방대한 양의 신화가 있었다. 현대에는 교사나 회사 사장, 현장 감독들이 다루기 힘든 사람들에게 열의를 보이도록 설득하는 도구로 이야기를 사용한다. 시도하기만 하면 무엇이 가능한지, 그 가능성을 뛰어난 이야기로 그려내는 것이 영향력 있는 사람들이 하는 일이다.

모든 성공적인 이야기는 가능성을 표현한다. 가능성을 말하는 이야기가 힘을 발휘하는 이유는 우리가 지켜야 할 가치에 대한 믿음을 바탕으로 하기 때문이다. 당신이 이야기 속의 즈인공이라면 반드시 실천했을 법한 신념이 담겨 있기 때문이다. 따라서 당신이 프로젝트를 진행하거나, 팀을 이끌거나, 계약을 따내고 싶다면, 이야기를 통해 무엇을 얻을 수 있을지 생각해보라. 상대방이 회의적이거나 방어적인 태도를 취하는데도 당신이 원하는 결과를 이끌어낼 수만 있다면? 그들이 당신 편이 되어 당신의 관점에서 세상을 바라보며 만족스러워 한다면? 그들이 가능성을 발견할 수만 있다면?

이야기가 이 모든 것을 가능하게 할 것이다.

> **66** 이야기는 우리가 지켜야 할
> 신념이 담겨있을 때 힘을 발휘한다. **99**

사람과 사람을 연결하는 지름길인 스토리텔링,

그 무엇보다 더 나은 대화 방법인 스토리텔링,

설득의 스토리텔링이 효과를 발휘하기 위한

세 가지 법칙을 알아본다.

Chapter 02

사람들에게 영향을 미치는 가장 빠른 길

1 사람과 사람을 잇는 지름길

인생은 경험의 연속이고, 우리의 뇌는 이런 경험들이 저장되는 특별한 장소이다. 거의 모든 경험이 기록된다. 대성당만 한 크기의 도서관을 상상해보라. 그 안에 당신이 경험한 이미지, 단어, 소리, 음악, 향기, 인물, 풍경, 감정 등이 가득하다. 그것이 당신의 기억 속 세상이다.

우리는 기억 속 세상에 빠르고 정확하게 접근할 수 있어야 한다.

그렇지 않으면 일주일도 안 돼 수많은 정보 중에서 어느 것을 찾아야 할 지 몰라 혼란을 겪다 미쳐버릴지도 모른다. 그래서 두뇌는 마치 인터넷 검색 엔진을 이용하는 것처럼 정보에 빠르고 정확하게 접근할 수 있는 지름길을 만들어낸다.

여기 기억 속으로의 지름길이 되어 주는 몇 가지가 있다.

- 누군가에게서 맡게 된 옛 애인의 향수
- 어머니와 아버지의 어린 시절 사진
- 처음 산 음반
- 한여름 잔디밭에 누우면 느껴지는 아련한 과거의 추억
- "옛날 옛적에 ……"라는 말

이런 자극들은, 그것이 기쁜 추억이든 아픈 상처의 기억이든, 기억 속 세상으로 순식간에 빠져들게 한다.

여기에서 내가 하고자 하는 말은 이야기도 적절히 그리고 정확하게 사용하기만 하면 사람과 사람을 연결하는 지름길이 될 수 있다는 것이다. 이야기는 상대에게 친근한 마음을 갖게 하는 지름길이며, 우리가 어린 시절부터 세상을 이해하고 배우던 기본적인 방법이다. 이

야기를 듣다 보면 자신도 모르게 그 메시지가 머릿속으로 들어와 자리 잡아 버린다.

역사적으로 가장 영향력 있는 사람들은 모두 뛰어난 '이야기꾼'이었다. 예수는 우화를 통해 듣는 사람의 마음에 쉽게 파고들었다. 도교와 불교에서도 끊임없이 이야기를 사용해 사람들에게 깨달음을 주었다. 선지자 마호메트의 삶과 교훈은 이야기 형식으로 이슬람교 경전에 담겨 있다. 좀 더 근대에는 루스벨트나 처칠 같은 뛰어난 정치가들이 라디오와 같은 매체를 이용해 이야기로 국민을 하나 되게 했다.

그들의 능력은 대중 앞에서 열변을 토하는 것이 아니었다. 자신이 이끄는 대화에 사람들이 자연스럽게 이끌려 참여하게 하는 것이 그들의 능력이었다.

66 적절히 그리고 정확하게 사용하기만 하면,
이야기는 사람과 사람을 연결하는 지름길이 될 수 있다. **99**

2 함께 떠나요

스토리텔링은 이야기의 시작과 함께 사람들을 전혀 다른 장소로 데리고 간다. 당신이 "내가 이야기 하나 해도 될까요?"나 "정말 재미있는 이야기가 하나 있는데 ……"라고 말을 꺼내면 듣기를 마다하는 사람은 거의 없다.

왜 일까? 당신이 방금 상상의 문턱에서 상상의 세계로 들어가는 초대장을 내보였기 때문이다.《이상한 나라의 앨리스》에서 앨리스가 '나를 마셔요'라고 적힌 약병을 발견했을 때처럼, 이야기를 시작한다는 것은 상대방에게 '나와 함께 떠나요'라는 신호를 보내는 것과 같다.

여기서 중요한 점은 당신의 상상 속으로 상대방을 초대하는 것이 아니라, 듣고 있는 사람이 자신의 마음속에 그리는 상상의 세계로 자신을 초대하는 것이다. 이 점을 유념하고 스토리텔링을 시작하면, 상대방이 방어적인 태도를 누그러뜨리고서 함께 여행을 떠나고 싶어 할 것이다.

마음과 마음을 연결하는 법칙

이것은 아주 중요하면서도 보편적인 법칙 중 하나이다.

마음과 마음의 연결 = 화자話者의 자극 + 청자聽者의 반응

자신이 원하는 반응만 요구해서는 상대방과 이어질 수 없다. 몇 가지를 설명해 보겠다.

방법 1

상대방에게 '내가 재미있는 사람'이라는 인상을 주고 싶을 때, 농담이나 재미있는 이야기를 하면, 상대방은 웃으면서 속으로 '그 사람 참 재미있군' 하고 생각한다. 그럼 목적 달성이다.

방법 2

상대방에게 '나는 재미있는 사람'이라는 인상을 주기 위해 단도직입으로 "나 굉장히 재미있는 사람이야"라고 말하면, 상대방은 속으로 '뭐 이런 사람이 다 있어'라고 생각한다.

방법 2는 회사 사장이나 정부 관료들이 거의 대부분 사용하는 방법이다. '기업의 가치관'에 대한 이야기를 할 때면 꼭 쓰는 방법이다. 대체 기업의 가치관에 대해 장황하게 떠벌리는 데에 연연하는 이유가 무엇일까? "우리 기업은 정직과 팀워크, 그리고 고객을 가장 중요하게 생각합니다"라고 말하면서, 상품 생산 과정에서는 몇 가지 절차를 무시하고, 공장 직원 절반을 해고하고, 고객 서비스 정신은 버린 지 오래다. 만약 기업이나 정부기관이 그들의 가치관을 공언하는 것(그들이 원하는 반응을 우리에게 말하는 것)을 멈추고, 그 가치관을 증명할 수 있는 일(우리가 반응할 수 있는 자극)에 좀 더 많은 시간을 투자한다면, 이 세상은 더 나은 세상, 최소한 덜 냉소적인 세상이 될 것이다.

지금 당신이 취업 면접 중이고, 면접관에게 당신이 고객 서비스에 헌신적임을 믿게 하고 싶다면 제발 "저는 고객에게 매우 헌신적인 사람입니다"라고 말하지 마라. 실제로 고객에게 봉사한 매력적인 사례(자극)를 제시하고, 당신이 고객에게 친절을 베푸는 것을 정말로 즐기는 사람이라는 결론(반응)을 면접관 스스로 내리게끔 하라.

내가 미국에 있을 때 세일즈에서 마케팅으로 부서를 옮기려는 사람을 인터뷰한 적이 있다. 그는 미국에서 뛰어난 고객 서비스로 정평이 나 있는 노드스트롬 백화점에서 근무하고 있었다. (노드스트롬 백화점은 타이어를 취급하지 않으면서도 고객이 환불을 요구하자 타이어 한 세트를 환불해 주었다는 일화가 있을 정도로 고객을 최고로 여기는 백화점이다.) 이 친구는 내가 영국 사람이라는 것을 알고 주말에 있었던 일을 이야기해주었다.

"지난 주말 남성복 코너에서 근무할 때 한 영국분이 매장에 와서 클립으로 고정해서 매는 나비넥타이를 찾더군요. 아마 어떤 행사에 참석할 일이 있었나 봅니다. 그런데 그 물건은 재고가 없었고, 묶어서 매는 일반적인 나비넥타이밖에 없었지요. 손님을 그냥 가시도록 내버려 둘 수도 있었지만, 항상 고객에게 시간과 노력을 아끼지 말라고 들어온 터라 저는 이렇게 말했습니다. '손님, 10분만 시간을 내주신다면 제가 나비넥타이 매는 방법을 가르쳐드리겠습니다. 그러면 오늘 저녁 행사에도 참석하

실 수 있고 앞으로도 언제든지 나비넥타이를 매실 수 있으실 겁니다.' 그
는 씩 웃으면서 좋다고 말했고, 저는 그분이 완전히 숙달할 때까지 15분
간 그곳에 서서 넥타이 매는 법을 가르쳐드렸지요. 그는 흡족한 표정으
로 셔츠 세 벌과 넥타이를 하나 더 구입했고, 저는 넥타이 한 개 값인
20달러가 아닌 300달러에 해당하는 커미션을 받았습니다."

위와 같은 이야기를 하는 사람과, 당신을 그저 빤히 쳐다보면서 "나는
항상 고객을 만족시키기 위해서 최선을 다합니다"라고 말하는 사람을 한
번 비교해보라. 어떻게 자극을 주고 반응을 유도해내는지 이해하게 될
것이다.

이야기 하나 해도 될까요?

이 이야기는 마가릿 파킨*의 《교육담당자를 위한 이야기집Tales for
Trainers》에 나오는 밀턴 에릭슨*의 이야기이다. 그는 성인 대부분은 자
신의 삶과 직업에 있어 자신이 가야 할 길을 직관적으로 알고 있다고
믿는다. 따라서 자신을 인도하는 그 본능을 더욱 신뢰해야 한다고 말
하기 위해 다음과 같은 이야기를 했다.

*마가릿 파킨Margaret Parkin: 영국의 교육 및 개발 컨설턴트이자 베스트셀러 작가
*밀턴 에릭슨Milton Erickson: 미국 정신과 의사로 의학적인 최면술 전문의

나는 젊은 시절 시골에 살았다. 어느 날 말 한 마리가 우리 집 앞뜰을 헤매고 있었다. 몸에는 아무런 표식도 없었고, 아무도 이 말이 누구 소유인지 몰랐다. 그날은 별로 할 일도 없고 해서 나는 말 임자를 찾아보기로 마음먹었다.

나는 말 위에 올라타서 말을 길 위로 인도했다. 그리고 말이 가고 싶은 곳으로 갈 수 있도록 말고삐를 느슨히 잡았다. 말은 때때로 길을 벗어나기도 하고 풀을 뜯기 위해 멈추기도 했다. 그때마다 나는 부드럽게 말을 다시 길 위로 인도했다.

마침내 말은 길 아래 몇 마일 떨어진 어느 농가 앞에서 멈추었다. 한 농부가 내게 뛰어와 말을 데리고 와 줘서 고맙다고 감사를 표했다. 그리고는 놀라는 표정으로 물었다.

"어떻게 이 말이 우리 집 말인 줄 알았어요?"

"몰랐습니다. 하지만 말은 자기 집이 어디인 줄 알고 있었죠. 제가 한 일이라고는 말이 길에서 벗어나지 않게 한 것뿐이죠."

지금 무슨 일이 벌어지고 있는가? 당신은 어디를 다녀왔나? 분명 에릭슨과 함께 이야기의 세계 속으로 들어섰을 것이다. 그리고는 함께 여행하며 이 갑자기 나타난 말을 보며 의아해하던 젊은이가 직관에 따라 행동하는 것을 보았을 것이다. 말이 풀을 뜯기 위해 종종 멈출 때마다 고삐를 당기며 길 위로 말을 몰아가는 청년의 목소리를 들었을 것이다. 말을 타본 경험이 있는 사람이라면 다리 밑에 느껴지는 말 근육의 긴장감도 느꼈을지 모른다. 마지막에는 말에서 내려 말의 엉덩이를 툭 치며 작별인사를 하고 집으로 돌아가는 청년의 모습을 보았을 것이다.

이야기를 듣는 사람마다 정도의 차이는 있겠지만 이와 비슷한 체험을 마음속으로 했을 것이다. 당신은 지금 막 이야기 속에 동참해 여행을 했다. 우리들에겐 이런 여행이 필요해 보인다. 특히 아주 잘 짜인 이야기라면 그 이야기가 인도하는 여행에 기꺼이 동참할 것이다. 그렇지 않고서야 영화나 드라마 같은 픽션을 보려고 그렇게 많은 사람이 극장 앞에서 길게 줄을 서는 이유가 무엇이겠는가?

이 글을 읽으면서 또 다른 점을 눈치 챘을 것이다. 이 이야기의 화자인 에릭슨은 한 가지 제안을 하고 있다. '인간은 자신이 있어야 할 곳과 자신이 하고자 하는 일을 스스로 가장 잘 판단할 수 있는 존재'라는 것이다. 그러나 이야기가 없는 제안은 유감스러울 뿐이다. 누군가 당신에게 제안할 게 있다고 하면, '대체 무슨 소리를 하려는 거지?’ 하며 방어적인 자세를 취하기 마련이다. 하지만 매혹적인 이야기로 시작하는 제안은 사람들을 귀 기울이게 하고, 당신이 말하고자 하는 의도는 더욱 깊고 만족스럽게 전달된다.

사람들은 이야기에 목말라 있다. 이야기는 우리를 현실을 넘어 다른 세상으로 안내한다. 위대한 글이나 음악, 영화, TV 속 세상을 보고 들으면서 우리는 그저 바라보고만 있진 않는다. 그 세상 속으로 들어가 등장인물과 자신을 동일시하고, 자신이 그 안에 살고 있다고 상상한다.

앞부분에 소개한 영화 〈에린 브로코비치〉의 작가는 다음과 같은 제안을 하고 있다. ‘권력과 부, 그리고 법률적 지식이 없는 약자는 흔히 가진 자들에게 이용당하기 쉬우므로, 그들의 권리는 보장되어야 한다.’ 이 말에 지루한 듯 하품을 하는 사람이 보이는 듯하다. 하지만 이 제안이 줄리아 로버츠에 의해 실현된다면 어떨까? 약자의 권리를 찾아주려고 끈질기게 싸우면서 자신의 영혼과 자존심을 지키기 위해 안간힘을 쓰는 줄리아 로버츠의 모습을 보며, 이목을 집중시키는 이야기의 갈등 구조 속으로 빠져 들며, 당신은 자신도 모르게 이야기의 중심에 서 있고, 작가의 제안은 이미 받아들인 지 오래다.

3 훌륭한 대화 방법

스토리텔링이 당신의 의도대로 다른 사람의 생각을 손쉽게 좌지우지하는 방법이라는 생각은 잊어라. 이야기는 상대방과 나누는, 다른 어떤 방식보다 더 깊고 더 나은 대화 방식이다. 새로운 생각을 다른 사람의 머릿속에 무작정 집어넣을 수는 없다. 사람들의 머릿속은 이미 가득 차 있다. 따라서 그 안에 이미 자리 잡고 있는 것을 이용하는 수밖에 없다. 스토리텔링은 일방적인 설교가 아니라 상대방을 원하는 방향으로 이끄는 것이다.

일방적으로 하는 말 vs. 함께하는 대화

일방적으로 하는 말talking at

광고계에서 통용되는 세상을 보는 관점이 있다. 그들은 누군가와 의사소통한다는 것은 다른 사람의 머릿속에 어떤 생각을 집어넣는 것이라고 본다. '목표 대상을 정하고, 메시지를 전달하고, 의도하는 방향으로 교육시킨다.' 이것이 기본 과정으로 영향력은 다음과 같이 작용한다고 믿는다.

나는 지식이 있다.
상대방은 머리가 텅 비어 있다.
나는 상대방의 텅 빈 머릿속에 나의 지식을 집어넣는다.
상대방은 내 지식대로 행동하고 물건을 구매하게 된다.

좀 과장하긴 했지만 실제로 이것이 대부분의 사람들이 의사소통을 할 때 마음속에 갖고 있는 기본 전제이다. '아무 말 하지 말고 앉아서 내 얘기나 열심히 들어!' 하는 태도이다.

꽉 막힌 교차로를 상상해 보라. 차들이 뒤엉켜 누구 하나 움직이지 못하고 있다. 오늘날 비즈니스 현장에서 흔히 볼 수 있는 커뮤니케이션 상황이다. "나도 잘한 것만은 아니지만 당신이 잘못했잖아요. 나 좀 먼저 지나가게 차 좀 빼 주세요. 3시까지 갈 데가 있단 말이에요." 이것이 바로 일방적으로 하는 말이다.

함께하는 대화talking with

함께하는 대화는 전혀 다르다. 다른 사람과 함께 대화함으로써 당신은 더 정중하면서도 훨씬 효과적으로 영향력을 행사할 수 있다. 당신이 말할 때 상대방이 침묵하고 있는 것이 아니라, 당신의 말에 상대가 반응할 수 있도록 대화에 초대하는 것이다.

어렸을 때부터 의사소통은 서로에 대한 반응이었다. 내가 18개월 된 딸에게 '아빠' 하고 말하면 내 딸은 '빠빠' 하고 반응한다. 그리고 한동안 이 과정을 계속하면서 그녀는 배우게 된다. 반응은 또 다른 반응을 불러일으키고 하나의 주제主題로 발전해가는 것이다.

> **❝** 스토리텔링은 일방적인 설교가 아니라
> 상대방을 원하는 방향으로 이끄는 것이다. **❞**

4 설득의 세 가지 법칙

누군가를 설득하고자 그와 연결되고 싶다면 스스로에게 세 가지만 질문하면 된다.

1 내가 설득하고자 하는 사람에 대해 얼마나 알고 있는가?
2 상대방이 구체적으로 어떤 생각과 어떤 행동을 하길 바라는가?
3 내가 바라는 대로 상대방이 생각하고 행동하도록 하기 위해 어떤 이야기가 효과적일까?

내가 설득하고자 하는 사람에 대해 얼마나 알고 있는가?

이것은 이야기의 화자가 생각해야 할 첫 번째 규칙이다. 설득하고자 하는 상대방을 이해하고 그들의 입장이 되어야만 한다. 상대방의 의견에 모두 동의할 필요도 없고 그들을 꼭 좋아해야 하는 것도 아니다. 하지만 그들이 추구하는 목표, 그들이 필요로 하는 것, 그리고 두려워하는 것이 무엇인지 알아야만 한다. 그러지 않고서 어떻게 그들과 연결되고, 그들을 설득하길 바라겠는가?

오토바이와 스쿠터를 생산하는 한 이탈리아 회사를 컨설팅한 친구가 있었다. 회사의 관리자들은 제품의 잦은 결함과 생산 과정에서 생기는 리콜의 횟수, 그리고 도로 위에서의 안전사고를 걱정하고 있었다. 품질 개선 워크숍이 열렸고, 여러 가지 아이디어들이 나왔고, 경영진들의 품질 관련 특강도 있었다. 관련 뉴스레터도 발행했다. 그러나 변한 건 별로 없었다. 결함 비율은 여전히 수습하기 힘든 정도였다.

그때 한 관리자가 가족들과 식사를 하면서 한 가지 아이디어를 떠올렸다. 그에게 가장 중요한 것은 가족의 안전과 자녀 양육이었다. 특히 성인이 될 날이 얼마 남지 않은 십대 자녀에게 더 신경이 쓰였다. 자신이 다니는 회사에서 생산하는 오토바이의 주 구매층이기도 한 이 또래 사춘기 아이들은 공장에서 일하는 직원 모두의 관심사이기도 했다. 그는 여기에서 '연결점'을 발견했다. 그는 다음 주로 예정된 모든 품질 관련 행사를 취소했다. 그 대신 야간 근무가 끝난 작업장을 돌아다니며 여러 장의 포스터를 눈에 잘 띄는 곳에 붙였다. 그 포스터에는 단지 이렇게 쓰여 있었다.

"오늘 당신이 만드는 오토바이를
당신의 자녀가 탈 수도 있습니다."

분위기는 달라졌다. 공장 직원들이 자신이 맡은 공정을 두 번
씩 확인하고 동료들의 작업까지 검토하면서 생산 속도가 느려졌
다. 품질 개선 워크숍이 다시 시작되자 직원들은 과거에는 찾아
볼 수 없었던 열의를 보였다. 이 모두가 한 관리자가 공장의 문
제를 직원들 개인의 관심사와 연결 지었기 때문에 가능했다.

다음과 같은 간단한 연습을 해보자.

잠시 시간을 내서 ─ 1분이면 된다 ─ 당신과 연결 짓고 싶은, 당신
이 설득하고 싶은 사람을 상상해보라. 그들의 시각과 입장에서 세상
을 한번 둘러보라. 그들의 입장이 된 당신이 직장에 출근하는 모습을
상상해보라. 마음속에 무엇이 떠오르는가? 그들의 욕구와 두려움이
무엇인지 알겠는가? 잘 모르겠다면 당신이 궁금해 하는 것을 누가 말
해줄 수 있겠는가?

적당한 기회가 된다면 그들이 추구하는 것이 무엇인지 직접 물어
보라. 그들이 당신과의 만남에서 무엇을 기대하는지, 그들 인생의 긴

이야기에서 당신이 맡은 역할이 무엇인지 물어보라.

다음과 같은 표를 그려보라. 마인드맵처럼 대상 인물을 중심에 놓고 그려 가면 쉬울 것이다.

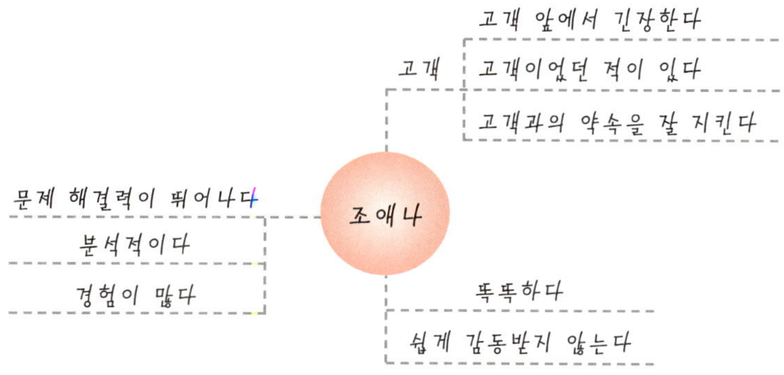

이렇게 그려놓고 보면 당신이 알아야 할 것이 무엇인지 쉽게 찾을 수 있을 것이다. 상대방에 대해 다음과 같은 사항을 꼭 파악하도록 하라.

1 상대방의 보편적인 세계관 — 만약 일과 관련된 것이라면 그들의 임무 또는 책임감에 대한 시각
2 추측 가능한 범위 내에서 파악할 수 있는 상대방의 심리적 욕구 — 농담과 유머를 즐기는지? 끈기와 의무를 중요시하는지? 말이 없고 엄격한지, 아니면 아주 느긋한지? 전체적인 상황을 보는지,

아니면 세부적인 사항을 보는지? 대화를 통해 문제를 해결하는 편인지, 아니면 해결 방법을 속으로 골똘히 생각하는 편인지?

3 상대방이 성취하고자 하는 것 — 나와의 만남이 그 성취에 어떤 부분을 차지하는가?

그리고 한 가지 더. 상대방에 대한 당신의 판단을 믿어라. 그러고 나서 설득을 위해 상대방과 연결되기 위한 수고를 아끼지 마라.

〈아메리칸 뷰티〉의 작가 앨런 볼Alan Ball은 누구를 대상으로 글을 쓰고 있는지 명확히 알고 있었다. 안락한 삶이지만 수렁에 빠진 듯이 살고 있는 사람, 삶의 의욕을 상실한 사람, 더 늦기 전에 사는 게 어떤 것인지 깨닫고 삶을 즐기게 된 한 남자의 이야기에 반응할 그 누군가를 대상으로 글을 쓴 것이다.

상대방이 구체적으로 어떤 생각과 어떤 행동을 하길 바라는가?

당신이 누군가에게 제안하고 싶은 것이 있다면, 분명하고 조심스러운 태도를 보여라. 중요하거나 다루기 힘든 문제를 제기하려고 할 때, 상대방이 30년 동안 쌓아온 편견을 30분 만에 뒤집을 수 있다는 생각은 마라. 설령 서로 잘 알고 신뢰 관계가 형성되어 있는 사람들에게 이야기한다 해도, 당신은 아마 그들이 잘 가지 않는 방향으로 그들을 이끌고 있을 것이다.

다소 전문적인 용어를 사용하자면, 카피라이터들은 라디오나 TV 광고를 위한 아이디어나 스토리를 짤 때, '재평가 유도 기법'을 사용한다. 그들은 30초 만에 사람의 마음을 바꿀 수 있다고 생각하지 않는다. 카피라이터의 의도는 사람들을 유혹하거나, 슬쩍 옆구리를 찌르거나, 아니면 갑작스러운 충격을 주어, 광고하고 있는 회사나 상품에 대해 재평가할 수 있게 자극하는 것이다.

당신이 집 없는 사람들을 위한 자선 광고를 만드는 카피라이터라고 가정해보자. 이 광고의 현실적인 목표는 독자들이 광고를 보고 '한 번 생각해 볼만한 가치가 있어'라고 생각하게 자극하는 것이지, '지금 당장 내 전 재산을 보내줘야겠어. 계좌번호가 어떻게 되지?'라는 반응을 기대하는 것이 아니다.

동일한 사고 논리가 당신에게도 적용된다. 당신이 팀원 중 한 사람의 — 그를 폴이라고 하자 — 승진이나 급여 인상을 건의하려 한다고 가정하자. 상사가 — 그녀가 조애나이다 — 당신의 말에 쉽게 동의해서 당장 당신의 의견을 들어주진 않으리라는 것을 잘 아는 당신은, 상사와의 대화를 위해 특정한 목표를 세워야 한다. 분명하고 조심스러운 태도로, 상대방이 당신의 제안에 동의할 수 있게 유도하는 실현 가능한 목표를 세우도록 하라.

비틀스의 창단 리더 존 레논은 비틀스 초창기 시절(1960~1962년)에는 자신들이 세계에서 가장 유명한 밴드가 되리라고는 상상도 못했다고 한다. "내가 공연 중에 '애들아, 우리 지금 어딜 향해 가고 있지?'라고 소리 지르면 멤버들은 '최고 중의 최고를 향해' 하고 소리쳐 답하곤 했죠. 하지만 우리는 대개 그날 밤 밴드 중에서 최고가 되려고 한 것 밖에 없어요. 그거면 충분하다고 생각했어요. 그 다음엔 그 지역의 인기 있는 클럽에서 최고가 되려 했고, 그 다음에는 리버풀에서 최고가 되려고 했죠."

내가 바라는 대로 상대방이 생각하고 행동하도록 하기 위해 어떤 이야기가 효과적일까?

어떤 종류의 이야기나 그 비슷한 것이 당신의 주장을 정당화하는 데 도움이 된다고 가정해 보자. (대다수의 경우 그렇다.) 이런 스토리를 고르고 이야기하는 것이 이 책의 핵심 내용이다.

당신이 사용할 수 있는 세 가지 종류의 이야기가 있다. (사실 십여 가지 종류의 이야기가 있지만, 이 세 가지만으로도 사람들이 필요로 하는 바를 대부분 만족시킨다.) 비유적인 이야기, 촉매제가 되는 이야기, 재미있는 이야기, 이 세 종류의 이야기를 각각 살펴보자.

비유적인 이야기 **(parables)**	정의: 주로 인간 캐릭터가 나오는 우의寓意적인 이야기로, 보편성이 있으며 교훈을 담고 있다. 다양한 해석이 가능하다. 예: 길 위의 말 한 마리 (p. 28) 비유적인 이야기는 짧고 간단하면서도 상당한 영향력이 있다. 동물이 주로 나오는 아이들 우화fables의 어른 버전이라 할 수도 있겠다. 때와 장소를 잘 가려 현명하게 사용해야 효과적이며, 청중이 많은 워크숍 같은 공식적인 행사나 이에 준하는 자리에서 사용하는 것이 좋다. 또한 당신의 권한을 시험해 볼 수 있는 소그룹 미팅에서도 사용 가능하다.
촉매제가 되는 **이야기** **(catalysts)**	정의: 단순하고 있는 그대로를 이야기하지만, 시사점을 던져주어 청중에게 반향을 불러일으킬 수 있는 이야기이다. 예: 주로 각 조직의 구체적이고 특정한 이야기 　　마시 이야기 (p. 91) 이런 유형의 이야기는 스티브 데닝*의 저서 《스토리텔링, 기업 혁신을 위한 설득의 방법The Springboard: How Storytelling Ignites Action in Knowledge-Era Organizations》에 잘 묘사되어 있다. 당신이 표방하는 사업상의 변화가 이야기 속에 숨겨져 있어, 그 시사점을 청중에게 던져 주는 것이 이 이야기의 본질이다. 특히 사람들이 당신의 메시지를 경계하는 느낌이 들면 평이하고 있는 그대로 이야기하는 것이 필수적이라고 데닝은 말한다.

<table>
<tr>
<td>재미있는 이야기
(tales)</td>
<td>정의: 가장 흔히 이야기라 칭하는 것으로 인물 묘사가 풍부하며, 대개 우스운 내용이 많고, 개인이나 조직의 특성을 구체적으로 담아낸다.

예: 존 발리의 바지 (부록, p. 186)

보통 조직 내에서 떠도는, 가까운 동료들끼리 자연스럽게 주고받는 이야기를 말한다. 인상 깊은 장면을 순간적으로 포착해내는 장점이 있으며, 서로 다른 여운을 주는 경향이 있다. 가장 이상적인 것은 긍정적인 느낌을 주는 것이며, 부정적이거나 코믹하거나 아이러니한 여운을 주기도 한다.

특히 비공식적인 상황에서 유용하게 쓰인다. 누군가와 빨리 친해지고 싶거나 누군가를 새로운 아이디어나 환경에 쉽게 적응하게 하고 싶을 때 사용하면 효과적이다. 존 발리의 이야기는 외관상으로는 멀게만 느껴지는 사람도 가까이 다가갈 수 있는 마음 여린 인간임을 보여주는 예로 바클레이즈*에서 자주 회자되는 이야기이다.</td>
</tr>
</table>

*스티브 데닝Steve Denning: 오스트레일리아 출신 스토리텔링 전문가
*바클레이즈Barclays: 영국의 주요 다국적 금융 서비스 회사

이 세 종류의 이야기에는 공통점이 있다. 모든 이야기에는 역경에 직면해 맞서 행동하는 주인공이 있다. 주인공은 종종 자신의 에너지와 두려움 사이에서 갈등을 겪고, 에너지를 이용해 두려움에 맞설 것을 결심한다. 역경은 당신이 추구하는 변화를 구현하는 식으로 해결된다. 스토리텔링은 당신이 누군가를 그런 세상으로 초대하는 것이고, 그들은 마음속으로부터 그 세상에 반응한다.

앞서 나온, 상사인 조애나에게 팀원 중 한 명인 폴의 승진이나 포상을 건의하던 가정으로 다시 돌아가 보자. 이 이야기는 내가 전 직장에서 겪었던 실제 사례를 가볍게 엮은 것이다.

1 내가 설득하고자 하는 사람에 대해 얼마나 알고 있는가?	당신이 상사인 조애나에 대해 어느 정도 잘 알고 있다고 가정해보자. 하지만 당신이 하고자 하는 건의를 조애나의 입장에서 생각해 본 적이 있는가? 폴에게 어떤 승진이나 포상을 받게 해서 그녀가 얻는 것은 무엇인가 – 사기 진작? 팀원 유지? 당신한테 들볶이지 않으려고? 그녀의 성격이나 심리적인 면에 어떻게 접근할 수 있을까? 당신이 조애나에 대해 조사해 본 결과, 고객에게 헌신하는 것이 그녀가 가장 중요하게 생각하는 것이고, 그런 사원을 가장 좋게 본다는 사실을 알았다고 가정해 보자. 흥미롭게도 고객에 대한 헌신은 그녀가 힘을 쏟으면서도 두려워하는 부분이기 때문에 그녀가 항상 긴장하는 부분이기도 하다.
2 상대방이 구체적으로 어떤 생각과 어떤 행동을 하길 바라는가?	조애나가 당신이 바라는 대로 지금 당장 폴의 임금을 20퍼센트 인상해 주거나 하지는 않을 것이다. 그녀에게도, 또 회사 체계상 좀 더 시간이 필요할 것이다. 그러니 아마도 당신의 첫 번째 목표는 당신의 제안을 그녀가 수긍할 수 있을 만한 분위기로 만드는게 아닐까?
3 내가 바라는 대로 상대방이 생각하고 행동하도록 하기 위해 어떤 이야기가 효과적일까?	당신은 이제 두 가지가 확실하다. 상사인 조애나는 고객에 대한 봉사와 헌신을 높이 평가한다는 점. 그리고 그녀가 당신의 제안을 받아들일 수 있을 만한 기분이 들게 해야 한다는 점. 당신에게는 조애나의 마음을 누그러뜨리고 폴에 대한 재평가를 유도할 만한 이야기가 필요하다. 가장 이상적인 것은 폴에게 고객 봉사의 자질이 얼마나 있는지 보여주는 이야기일 것이다. 당신은 그것을 흥미롭고 설득력 있게 이야기하기만 하면 된다.

우리 팀이 좋은 성과를 내는 주된 이유 중 하나는 폴이 많은 기여를 하는 덕분이라고 생각합니다. 그러나 폴이 자신을 드러내 보이며 자랑하는 사람이 아닌 까닭에 주변 사람들이 그의 노력을 쉽게 알아채지 못하는 경향이 있습니다. 그래서인데 제가 폴에 대해 몇 마디 해도 될까요?

우리 고객인 A회사와 일하는 것이 얼마나 힘든지 잘 아시지요? 그 회사의 경영지원팀은 우리가 정한 권고 사항에 따르려고 정말 애쓰고 있고, 폴은 그 사람들을 정기적으로 상대해야 하기 때문에 스트레스를 많이 받고 있습니다. 2주 전 폴이 마감 시간에 맞추려고 일요일에도 나와 일하면서, 그 회사에서 의뢰한 서류상의 수치가 맞지 않아 진땀을 빼다가, 결국 그걸 들고 직접 그 팀을 찾아가 몇 시간 동안 그들과 함께 얼굴을 맞대고 문제를 해결했다는 것을 알게 되었습니다. 폴은 아무 말도 하지 않았지만 그들은 정말 만족해했죠.

이 이야기는 매우 간결하지만 당신이 필요로 하는 모든 구성 요소(누군가 곤경에 처한 자신을 발견하고, 자신의 능력과 의지로 모두에게 득이 되는 해결책을 발견한다)가 들어있다. 이 이야기에는 청자

(고객에게 헌신적인 상사 조애나)가 중요하게 생각하는 것과 그것을 실현해내는 주인공이 있다. 이 이야기를 함으로써 당신은 조애나가 경험했던 세상, 까다로운 고객과 임박한 마감 시간으로 압박을 받던 세상으로 떠나는 여행에 그녀를 초대하고, 그녀로 하여금 폴과 자신을 동일시하게 한다. 그녀의 마음속으로 폴이 숨어들게 한 것이다.

그리고 일단 조애나가 폴과 자신을 동일시하고, 그에게 감정이입을 하게 되면, 폴에 대한 보상을 무시하기가 훨씬 어려워진다. 마치 자신에 대한 보상을 무시하는 것처럼 느껴질 것이다.

당신의 이야기가 설득력을 보이는 이때를 이용하여, 폴이 계속해서 이런 좋은 성과를 낼 수 있게 격려할 수 있는 제안을 조애나가 고려해 보도록 요청하는 것이 당신이 할 일이다. 특히 폴이 다른 회사로부터 스카우트 제의를 받고 있을지 모른다는 낌새를 주면 더욱 효과적일 것이다. (약간의 불안감, 불확실성, 의심을 심어 주는 것이 언제나 도움이 된다.)

아래 표를 보면 이야기가 어떻게 구성되는지 한눈에 알 수 있다.

우리 팀이 좋은 성과를 내는 주된 이유 중 하나는 폴이 많은 기여를 하는 덕분이라고 생각합니다. 그러나 폴이 자신을 드러내 보이며 자랑하는 사람이 아닌 까닭에 주변 사람들이 그의 노력을 쉽게 알아채지 못하는 경향이 있습니다. 그래서인데 제가 폴에 대해 몇 마디 해도 될까요?	**시작: 기본 설정** 청자에게 이야기의 목적 또는 이야기가 청자와 어떤 관련이 있는지를 사전에 말해주는 준비 단계이다. 이야기의 주인공을 소개하고 이야기 속으로 청자를 초대한다.
우리 고객인 A회사와 일하는 것이 얼마나 힘든지 잘 아시지요?	청자의 과거 경험을 환기시킨다.
그 회사의 경영지원팀은 우리가 정한 권고 사항에 따르려고 정말 애쓰고 있고, 폴은 그 사람들을 정기적으로 상대해야 하기 때문에 스트레스를 많이 받고 있습니다.	**중간: 주인공에게 닥친 역경과 위기** 청자는 그 장면을 머릿속에 떠올리고 상상한다.
2주 전 폴이 마감 시간에 맞추려고 일요일에도 나와 일하면서, 그 회사에서 의뢰한 서류상의 수치가 맞지 않아 진땀을 빼다가, 결국 그걸 들고 직접 그 팀을 찾아가 몇 시간 동안 그들과 함께 얼굴을 맞대고 문제를 해결했다는 것을 알게 되었습니다.	**마무리** 주인공의 현명한 선택과 행동 방침, 그리고 노력으로 역경이 해결된다. 그가 중요시하는 가치가 행동으로 나타난다.
폴은 아무 말도 하지 않았지만 그들은 정말 만족해했죠.	**행동의 결과:** 고객 만족에 대한 청자의 우려가 반영되어, 청자에게 시사점을 준다.

5 요약

　이 장에서는 설득을 위한 스토리텔링의 기본기에 대해 알아보았다. 기본적인 절차와 방법을 어느 정도 이해하기 시작했으리라 생각한다.

　누군가를 설득하기 위해 어떤 것을 준비해야 하는지 살펴보았다. 우선 청자를 이해해야 하고, 그들이 구체적으로 어떤 생각과 행동을 하길 바라는지 스스로 파악하고 있어야 하며, 그런 생각과 행동을 유도할 수 있는 효과적이고 설득력 있는 이야기를 찾아야만 한다.

　또한 이야기를 어떻게 구성하는지에 대해서도 살펴보았다. 시작(기본 설정), 중간(역경이나 위기) 그리고 마무리(문제의 해결 및 결과)로 구성하고, 이 이야기를 통해 당신이 원하는 결과를 이끌어낼 수 있게 청자에게 시사점을 주도록 한다.

스토리텔링을 활용할 수 있는 비즈니스 상황인

프레젠테이션과 인터뷰를 구체적으로 다룬다.

성공적인 프레젠테이션과 인터뷰 비법,

도움이 되는 여러 가지 이야기와 사례를 알아본다.

스토리텔링이 지름길이 되어주는 경우

1 프레젠테이션

'프레젠테이션'이라는 단어를 사용하지 않을 수 없을까? 쉽진 않을 것이다. 비즈니스 현장과 조직 내부에 이 말이 너무 깊숙이 침투해있기 때문이다. '프레젠테이션 끝냈어?' '내일 고객들 앞에서 프레젠테이션 해야 하는 거 알지?' '결과를 상부에 프레젠테이션 해야 해.' '연구 프레젠테이션' '분석 프레젠테이션' …… 아마 청소부조차 프레젠테이션을 할 지 모른다.

프레젠테이션의 가장 큰 단점은 준비하는 시간의 90퍼센트를 표나 슬라이드 같은 자료를 만드는 데 허비한다는 점이다. 그 보다는 어떻게 하면 사람들에게 실제로 영향을 줄 수 있을까를 생각하는 데 중점을 두어야 하는 데 말이다. 목적이 아닌 수단에 사로잡히게 되는 것이다. 프레젠테이션을 통해 가능성을 제안하기 보다는 프레젠테이션 자체를 위한 프레젠테이션을 하는 것이다.

대부분의 프레젠테이션은 '여기 실행 가능한 계획이 있습니다. 우리는 이것에 대해 이야기해 봐야 합니다'라고 말하는 것이다. 이런 뜻을 비치지 않는 프레젠테이션이라면 영향력이 거의 없다고 하겠다.

파워포인트

나는 파워포인트가 위대한 도구인지 아니면 사탄이 (세상을 무분별한 입씨름 속에 가두어두고자) 고안해낸 사악한 방법인지 정말 모르겠다.

경영진은 마치 술 취한 사람이 몸을 가누기 위해 술집 카운터에 몸을 기대듯 파워포인트를 사용한다. 세상이 불안하게 느껴질 때 파워포인트로 짠 거창한 계획이 그들을 받쳐주는 지지대 역할을 하는 것이다.

만약 처칠이 요즘 시대에 태어나서 자랐더라면 노트북을 불살라버렸을 것이고, 파워포인트의 슬라이드에는 다음과 같은 말만 적었을 것이다.

나의 제안
- 피
- 땀
- 눈물

나는 당신이 파워포인트 중독에서 벗어날 수 있으리라 기대하진 않는다. 하지만 다음번에 파워포인트를 사용할 때는 이렇게 해보라. 사진이나 그래프를 보여 주는 용도로만 사용하는 것이다. 파워포인트는 그런 용도로는 아주 제격이다. 그 외에는 사용하지 마라. 특히 문자를 보여주기 위해서라면 파워포인트를 사용하지 마라. 입이 있지 않은가? 문자로 전달할 내용이라면 차라리 말로 표현하는 것이 낫다.

여기 미국의 한 소프트 회사에 새로 부임한 사장이 직원들에게 보낸 이메일이 있다. 믿을 만한 정보통으로부터 들었으니 사실일 것이다. 만약 정말 이런 행동을 실천했다면 이 사람은 나의 영웅이다.

나는 IT팀에게 우리 전산시스템에서 모든 파워포인트 소프트웨어와 프레젠테이션 자료를 없애버리라고 방금 지시했습니다. 이로써 500기가바이트의 여유 공간이 생겼고, 더 중요한 것은 일방적으로 하는 프레젠테이션이 없어졌으니, 직원들 서로 간에 또 우리의 고객들과 자유롭게 이야기할 수 있게 된 것입니다. 부디 이 기회를 잘 활용하시기 바랍니다.

행운을 빌며
존

성공적인 프레젠테이션을 위한 비법

프레젠테이션을 할 수 있는 주제는 너무도 많아서 당신이 어떤 주제를 다룰지 나로서는 예상이 불가능하다. 따라서 여기서는 당신이 전달하고자 하는 바를 정확하고 분명하게 이야기할 수 있는 몇 가지 비결에 대해 말해 보겠다.

무엇을 이야기할 것인가?

프레젠테이션에 참가한 사람들은 누구나 마음속으로 이 질문을 하고 있다. 단지 당신이 가지고 있는 정보를 나누려고 그들 모두를 한 곳에 불러 모을 이유는 없다. 그건 이메일이면 충분하다.

당신이 영업부에 있건, 감사팀에 있건, 서비스부서에 있건, 프로젝트 매니저건 상관없다. 프레젠테이션하면서 당신이 해야 하는 일은 모두 같다. 프레젠테이션에 온 사람들은 자신들의 업무 향상에 도움이 될 지도 모를 무언가를 얻고자 여기 모였다. 당신은 그들에게 그것을 주어야만 한다. 아니면 최소한 가능하다고 자극이라도 해야 한다.

뜻밖의 행동을 하라

뜻밖의 행동을 하라는 말은 대상, 장소, 주제에 따라 프레젠테이션 방식이 모두 달라질 수 있다는 의미이다. 은행처럼 차분한 장소에서 프레젠테이션을 해야 하는 데, 그 지점이 고객의 말에 더 잘 귀 기울일 수 있게 공간 배치가 달라질 필요가 있다는 점을 당신이 주장하고자 한다면, 프레젠테이션이 이루어지는 방의 의자 배열을 달리해 둘 수도 있다. 다른 회사의 경우, 누군가가 그 회사의 변화를 위해 강력하고 직접적인 움직임이 필요하다고 생각한다면, 프레젠테이션 도중 영사기를 대표 이사의 얼굴에 직접 쏘아 자신의 주장을 밝힐 수도 있을 것이다.

> **대상, 장소, 주제에 따라
> 프레젠테이션 방식은 모두 달라질 수 있다.**

고객의 기분

예상 밖의 프레젠테이션의 전형적인 예는 1970년대 영국 철도의 광고를 따내기 위해 열을 올린 한 광고대행사가 보여주었다. 영국 철도회사 직원들이 그 광고대행사의 호화로운 런던 사무실에 도착했는데, 안내 데스크는 어수선했고 아무도 없었다. 가끔 직원들이 지나쳐갔지만, 그들이 도움을 청하는 말에 퉁명스럽게 대답할 뿐이었다. 30분가량 지난 후에 스피커에서 갈라지는 소리로 "영국 철도에서 오신 분들은 2층에 있는 2번 회의실로 와 주십

핵심은 순간적으로 상대방이 균형을 잃게 하는 데 있다. 이로써 프
레젠테이션에 온 사람들은 강한 호기심을 보일 것이고, 당신은 그들
에게 영향력을 행사할 수 있는 시간과 공간을 확보하게 된다.

권위 있게 행동하라

프레젠테이션을 할 때 당신에게서 권위가 보이지 않는다면 청중에
게 아무런 도움이 되지 않는다. 거들먹거리며 거만하게 행동하라는
뜻이 아니다. 이 기회를 빌려 당신이 가진 기량을 자신감 있게 발휘
하라는 말이다.

사람들이 회의실에 모여들고 당신이 발언대에 섰다면, 그들은 당
신이 그 시간을 점령하길 바란다. 그들은 자신의 시간을 할애해 관심
을 집중한 만큼 그 시간을 최대한 활용하고 싶어 한다. 사실 프레젠
테이션하는 사람이 이런 역할을 하지 못하면 사람들은 자제력을 잃
는다. 어린 시절 수업 시간에 긴장하거나 불안해하는 선생님을 대하

면, 왠지 모르게 우리 모두 버릇없게 굴기 시작했던 것과 같다.

그러니 다음번에 사람들 앞에 서게 되면 기억하라. 그들은 무언가 듣고 싶어 한다. 이야기를 듣고 싶어 한다. 누구도 아닌 바로 당신이 하는 이야기를 듣고 싶어 한다.

프레젠테이션에 도움이 되는 이야기

프레젠테이션을 할 때 한두 가지 이야기를 꺼내는 것을 두려워하지 마라. 이야기를 함으로써 청중은 당신과 함께 여행을 떠날 수 있게 된다. 이야기는 몇 가지 용도로 사용할 수 있다.

- 전체 프레젠테이션의 분위기 설정
- 특정 사항 설명
- 특정 논의 종결 및 요약

예가 될 수 있는 이야기는 무수히 많다. 그런데 가장 좋은 예는 스스로 찾아내는 경우가 흔하다. 하지만 여기 내가 들어본 것 중 가장 효과적이었던 이야기가 몇 개 있다. 부록에 있는 다른 이야기 중에서도 골라 활용할 수 있을 것이다.

고객 서비스에 관한 이야기

메모 한 장

한 비즈니스맨이 싱가포르에 있는 래플스Raffles 호텔에 도착해서 체크인을 하고 방으로 들어가면서 무척 놀라워했다. 전에 한 번도 묵은 적이 없는 호텔인데도 직원들이 그의 이름을 부르며 인사했기 때문이다. 정교한 컴퓨터 시스템 덕분일까, 아니면 헤드셋을 통한 커뮤니케이션 때문일까? 둘 다 아니었다. 손님을 호텔까지 태운 택시 운전기사가 손님의 이름을 적어 그 메모지를 손님이 내리기 직전 도어맨에게 건네고, 도어맨은 포터에게 건네고, 포터는 체크인 카운터에 건네고, 다시 포터가 받아 손님에게 방을 안내한 후 마지막으로 청소하는 직원에게 전달한 것이다.

호텔 직원의 길 안내

포시즌스Four Seasons 호텔은 세심하고 친절한 서비스로 유명하다. 볼티모어에서 워싱턴 DC에 있는 호텔로 운전해 가던 한 여자가 빗속에서 길을 잃고 호텔로 전화를 했다. 호텔 접객 담당자는 매우 친절하게 길을 안내해 주었다. 여기까지는 놀라울 것이 없다. 그런데 그녀가 뜻밖이었던 점은, 그 도시가 낯설어 다소 기진맥진한 목소리로 전화한 고객에게 그 호텔 직원이 25분 동안이나 전화를 끊지 않고 길을 안내했다는 것이다. "안전하게 도착하셔야 하니까요, 고객님"이라고 말하면서.

조직 문화에 관한 이야기

　　프레타망제[*]는 그들에게 맞는 직원을 채용하는 것이 성공적인 경영의 핵심이라고 믿는다. 그곳에서는 직원들이 함께 일할 새로운 직원을 선택한다. 프렛에 지원하면 '프렛을 경험하는 날'이 주어지고, 하루 동안 매장에서 일해 본다. 지원한 사람은 프렛이 어떤 곳인지 알게 되고, 직원들은 지원한 사람과 함께 일하는 것이 어떤지 알게 된다. 하루 일을 마무리하면 — 물론 그날 일당은 받는다 — 함께 일한 직원들은 분명한 기준에 따라, 지원한 사람이 기존 직원들이나 고객들과 잘 어울릴 수 있는 사람인지 투표를 한다. 대개 열 명 중 한 명이 이 테스트를 통과한다. 회장인 앤드류 롤프는 말한다. "하루 종일 우리 고객을 위해 일하는 직원들을 우리가 신뢰하는 만큼, 그들이 하는 일에 도움이 되는 사람을 뽑는 데에도 직원들이 올바른 결정을 내리리라 확신합니다."

---

*프레타망제Pret A Manger: 영국 런던에 기반을 둔 샌드위치 체인. 간단히 프렛이라 칭하는 경우가 많다.

런던에 있는 체이스 맨해튼Chase Manhattan 은행 사장은 자신이 터득한 교훈 한 가지를 소개했다. "저는 직원 중 누군가가 우수한 실적을 내면, 그 직원이 원하는 사람과 함께 와인을 곁들인 멋진 저녁 식사를 할 수 있게 했죠. 비용은 제가 지불하고요. 그런데 처음에 제가 한 실수는 저녁 식사 비용을 100파운드로 한정한 것이었어요. 당시 저녁 식사비로 올라오는 청구서의 평균 비용은 110파운드였죠. 제가 100파운드로 금액을 한정하는 것을 없애자 평균 식사비가 75파운드로 떨어졌어요. 그들이 제게 무언가를 깨닫게 해준 것 같아요, 그렇지 않은가요?"

품질에 관한 이야기

요구 조건을 말할 때는 조심하라

한 미국 회사가 새롭게 부품 납품을 시작하게 된 일본 회사에게, 그들이 주문한 부품은 미국 회사의 엄격한 품질 기준대로 99.9퍼센트 품질을 만족시켜야 한다고 알려 왔다. 일본 회사는 어리둥절했지만 그 조건을 따르기로 했다. 일본 회사는 999개의 완벽한 제품과 함께 한 개의 결함 있는 제품을 일부러 선적했다. 그리고는 다음과 같은 메모를 첨부했다.

'귀사에서 어떤 이유로 0.1퍼센트의 결함을 원하시는지 알 수 없지만, 우리는 지시 사항을 준수하게 되어 기쁘게 생각합니다.'

2 인터뷰

구직 면접에 있어서도 스토리텔링이 중요한 역할을 할 수 있다. 개인적으로 직장을 구하려고 면접을 볼 때는 그 과정이 너무 싫었다. 지금은 구직자들의 인터뷰를 하는 입장이 되고 보니, 명석하고 유능하고 외모도 뛰어난 젊은이들이 가장 최근에 공석이 된 자리에 끊임없이 몰려오는 것을 보며 약간의 불안감을 느끼곤 한다.

면접에 도움이 되는 몇 가지 정보

권위 있게 행동하라

또 다시 권위에 관한 이야기이다. 인터뷰는 자기 자신을 합리화하거나 옹호하는 자리가 아니다. 프레젠테이션할 때와 마찬가지로, 당신이 주도적인 위치에 있지 않으면 면접관은 분명히 어색하고 불편해할 것이다. 당신을 인터뷰하는 사람은 아마 바쁜 와중에 회의하다가 잠깐 나와서, 수북이 쌓인 미결 서류 사이에서 당신의 이력서를 집어 들고 대충 훑어본 것 밖에는 없을 것이다. 그러니 인터뷰하는 30분 동안 당신에게서 재미있는 이야기나 들으면서 유쾌한 시간을 보내기를 마음속으로 기대하고 있을지 모른다.

> **66** 프레젠테이션할 때와 마찬가지로 인터뷰를 할 때도
> 당신이 주도적인 위치에 있어야 한다. **99**

당신의 이야기를 준비하라

면접관은 새로운 직원을 채용하면 그 직원이 회사가 당면한 문제를 해결해줄 수 있는지 알고 싶어 한다. 면접관은 대체로 이 문제에 대해 걱정하고 불안해하기 때문에 채용은 아주 비이성적인 과정에 의해 결정될 수 있다. 당신이 할 수 있는 최선은 다음 세 가지 법칙으로 무장하고 면접에 융통성 있게 대처하는 것이다.

1 당신을 인터뷰하고 있는 이 사람에 대해서 얼마나 알고 있는가? 그 사람의 역할은 무엇이며 당신이 들어가고자 하는 조직은 어떤 곳인가?

2 면접관이 당신에 대해 정확히 어떻게 생각하고 행동하길 바라는가?

3 당신의 바람대로 되려면 어떤 이야기가 도움이 될 것인가?

내가 면접을 보러 가서 받았던 최고의 질문은 '당신에게 동기를 부여하는 것은 무엇입니까?'이다. (그것이 무엇인지 내가 전혀 모르고 있었다는 것을 단번에 알 수 있었다.) 두 번째로 좋았던 질문은 '당신이 선택의 기로에 서 있는 문제가 있다면 얘기해주세요'이다. 이런 질문은 면접을 보러온 사람에게 자신의 이야기를 해 보도록 유도하는 꽤 우아한 방법이며, 이야기를 하면서 자신이 지원한 자리에 얼마나 적합한 인물인지 자연스럽게 선전하게 된다. 또 면접관에게는 지원한 사람과 그가 중요하게 생각하는 것에 대해 엿볼 수 있는 시간이 된다.

이력서

이력서가 어떻게 능력을 대변하는 지폐가 되었을까? 또 왜 모두 그리도 단조롭고 지루한 걸까?

경영진의 자존심에 상처를 내는 데 우두머리라 자처하는 톰 피터스*는 호기심을 자극하는, 이유를 밝히지 않은 공백 기간이 없는 이력서는 모두 거절해야 한다고 주장한다. 실천할 수 있을지 모르지만 맞는 말이다.

이력서는 당신의 재능을 서술할 수 있는 좋은 기회이지 당신의 경력을 표로 만들어 놓아야 하는 공간이 아니다. 특히 '직업 목표'라는 제목 아래 늘 따라 붙는 '이런 저런 기술을 요하고 필사적으로 노력해야 하지만 그래도 충족감을 주는 역할이 어쩌고 ……' 하는 어리석고 실없는 소리를 나는 몹시 싫어한다.

15년 동안 이력서를 검토하면서 내가 기억하는 것은 딱 세 개이다. 내가 브랜드 비즈니스에 몸담고 있으니 자신을 홍보하는 데에 감이 좀 있는 사람들이 지원했으리라 여길 것이다. 첫 번째는 작고 아름답게 완성한 자신에 관한 안내서를 만들어서 보낸 것이다. 두 번째는 꽤 평범한 이력서였지만 페덱스Fedex로 도착했기 때문에 중요한 서류일 것이라고 여겨 열어볼 수밖에 없었던 경우다. 세 번째는 흥미롭게도 그 사람의 웹사이트와 연결되어 있어 자신이 지원하는 회사에 관한 동영상을 직접 만들어 올린 것이었다.

에너지와 두려움을 항상 기억하라. 남들과 다른 방식이라는 점이 두렵겠지만, 그 두려움이 당신의 에너지와 이야기를 이해시키는 데 방해가 되어서는 안 된다. 두려움을 이겨낸 에너지와 열정이 바로 그들이 고용하고자 하는 것이다.

*톰 피터스Tom Peters: 미국 비즈니스 경영관리 컨설턴트 겸 저자

성공과 실패

면접에서 좋은 결과를 내지 못하는 것은 문제가 되지 않는다. 이 점은 아무리 강조해도 지나치지 않다. 정말 큰 문제는 실질적으로 당신에게 맞지도 않는 자리에 본의 아니게 취업하는 경우이다. 우리는 몇 년 전 조용하고, 성실하고, 자발적인 한 젊은 여성을 주니어 프로젝트 매니저로 고용했다 그런데 일주일 후부터 그녀가 출근하지 않기 시작했다. 몸이 아파서 일거라고 추측한 우리는 휴대 전화로 연락

했지만 받지 않았고, 결국 우리는 그녀가 회사를 그만둔 것으로 간주했다. 한 주가 더 지나서 그녀의 집으로 전화했고, 전화를 받은 그녀의 부모는 깜짝 놀랐다. 그들은 딸이 여전히 직장에 잘 다니고 있는 줄로 알고 있었다. 매일 아침 어머니는 도시락을 싸 주었고, 아버지는 역까지 그녀를 태워다 주었다. 귀가한 그녀는 저녁마다 그날 있었던 일을 그들에게 이야기했다. 사실 그녀는 빅토리아 역에서 그저 하루 종일 배회했던 것이다. 정말 가슴 아픈 일이 아닌가?

면접에 도움이 되는 이야기

당신을 인터뷰하고 있는 면접관들은 필연적으로 당신을 판단하게 되어 있다. 당신의 외모가 어떤지, 목소리는 어떤지, 무슨 말을 하는지, 당신과 함께 있으면서 어떤 느낌이 드는지 ……. 그들의 기억 속에 당신이 자리 잡기 위해서는 강렬하고 매력적인 무언가가 필요하다. 당신의 이야기가 그 역할을 해 줄 것이다.

당신의 이야기는 당신만큼이나 개인적이고 사사로운 것이다. 그래서 추측에 의해 몇 가지를 제시하기보다는 당신 경력에서 최저점과 최고점에 해당하는 몇 가지를 살펴보도록 하자. 당신이 원하는 것이 무엇인지 아는 것만큼이나 '당신이 원하지 않는 것'을 파악하는 것도 중요하다. 차분히 자리에 앉아 진실과 대면하는 시간을 갖도록 하자.

어린 시절의 꿈

어린 시절의 꿈은 아주 중요한 단서이다. 실제 직업으로서가 아니라 그것이 대변하는 것 또는 그 직업이 수반할 수 있는 능력 때문이다. 어린 시절 나의 꿈은 호텔 매니저가 되는 것이었다. 그것은 사람들이 기분 좋은 경험을 할 수 있게 하는 내 실제 직업을 찾게 하는 동력이었다. 나는 그저 다른 차원에서 똑같은 일을 하고 있는 것뿐이다. 내 친구 중 한 명은 언제나 의사가 되는 것이 꿈이었고, 지금은 휘트니스센터에서 개인 트레이너로 일하고 있다. 그녀는 그 두 직업이 같은 일이라고 말한다. 치유하는 방식이 다를 뿐, 둘 다 사람들이 건강한 육체를 갖게 도와주는 일이라고 말한다.

일전에 아주 세련된 젊은 여성을 인터뷰한 적이 있다. 그녀는 어린 시절 공상에 잠기곤 했던 대중신문 취재기자로의 꿈이 어떻게 커뮤니케이션 전문가로 발전했는지 설명했다. 아주 흡인력 있는 이야기였다.

첫 직장의 경험

첫 직업 선택은 대개 운명적이다. 피카소는 모든 그림은 첫 번째 붓질을 복구해가는 과정이라고 말했다. 그럼 모든 경력은 첫 직업으로부터 다듬어가는 것이라 하겠다.

당신의 첫 직업은 어땠나? 면접과 채용 절차, 그리고 첫 출근한 몇 주간의 소감이 어땠는가? 다음 이야기는 5년간의 군 복무를 마치고 막 제대한 젊은이와 나눈 인상적인 대화의 일부이다.

처음 몇 주간 훈련을 받고 나니 제정신이 아니었어요. 늘 하는 일이라고는 명령에 복종하고 육체적으로 기진맥진해지는 데 익숙해지는 것이었죠. 하지만 처음에 나를 완전히 변화시킨 건 다른 사람을 책임져야 한다는 개념과 그것의 실형이었습니다. 군대에서는 서로 돌보는 것이 위계질서 다음으로 가장 중요했습니다. 그러지 않으면 죽음이나 마찬가지였으니까요. 이것은 부상당한 병사를 절대 내버려두고 가지 않는 연습으로 상징화됩니다. 그래서 우리는 상당히 자주 서로를 부축해가는 것으로 훈련을 끝마쳤습니다. 이제 사무실에서 일하게 되면 이런 일은 없을 거라고 예상합니다. 하지만 원리는 똑같을 거예요. 동료가 낙오하게 내버려둬서는 안 되는 거죠. 그들이 필요로 하면 그들을 부축하고 운반해 가야 합니다.

자리를 잡긴 했지만 성과를 제대로 내지 못하고 있는 팀의 리더로 우리가 이 사람을 채용했을까? 그렇다.

군대만큼 화려한 매력이 없다 해도 당신이 초기에 경험한 어떠한 일이나 직업도 도움이 되기는 마찬가지다. 그곳이 슈퍼마켓이든, 사무실이든, 공장이든 상관없다. 초창기에 당신에게 일어난 일이나 그것으로부터 배운 점이 확실한 참고가 되어, 봉사, 팀워크, 리더십, 위기관리 등의 중요하고 필수적인 역량을 당신이 보여줄 수 있을 것이다.

나는 항해, 노 젓기, 연극과 같이 서로에게 의지해야 하는 다른 그룹 활동 참가자들로부터도 위에 언급한 젊은이와 비슷한 이야기를 들은 적이 있다. 당신이 가지고 있는 능력이나 특별한 기술을 설득력 있는 이야기로 창조해내서 극적으로 표현할 수만 있다면, 당신은 선명히 기억될 것이다.

직장 옮기기

우리 대부분이 성인으로서 처음 하는 중대 결정 중의 하나가 바로 이직이다. 학교를 졸업하고 면접을 보고 첫 번째 '정식' 직장 생활을 시작하면서 우리는 진정한 성인의 세계에 들어선다. 이제 당신이 더욱 발전해 가고 당신의 역량을 완성해 가길 원하거나, 가장 가까이에 있는 비상구 문을 박차고 나가고 싶다면, 회사를 옮길 때다.

이때가 흔히 당신의 일에 대한 이야기를 진지하게 숙고해 봐야 할 시기이다. 당신의 에너지는 무엇을 위해 존재하는가? 당신이 두려워하는 것은 무엇인가? 에너지와 두려움, 이 두 가지가 어떻게 조화를 이루고 있는가? 이것은 아주 좋은 이야깃거리이며, 이런 일에 대한 이야기를 함으로써 당신이 옮기고자 하는 회사의 면접관이 당신의 진정한 동력을 이해할 수 있게 된다.

20대 초반에 나는 에든버러에 기반을 둔 맥주회사를 그만 뒀다. 맥주는 정말 멋진 사업이었고, 에든버러는 환상적인 도시였다. 그러나 나는 그 일을 계속할 수가 없었다. 나는 새로 막 출시한 라거 맥주의 브랜드 매니저로 일하고 있었다. 그 일은 오로지 그 신제품에만 외곬으로 전념하며 모든 것을 쏟아 부어야만 하는 일이었다. 하루 8시간 동안 그 제품의 장점만을 이야기하고 제품을 위해 협상해야 했다. 그러고 나서 내가 한 가지 목표에만 골몰하는 사람이 아니라는 것을 알았다. 나는 여러 가지에 관심을 두는 사람이고 이런 점은 컨설턴트나 조언자가 되기에 큰 장점이었다. 왜냐하면 수많은 서로 다른 아이디어와 정보를 끌어다가 고객이 해결책을 찾게 도와줄 수 있기 때문이다. 하지만 이런 점 때문에 아주 오랜 기간 동안 한 가지에만 전념하며 일관성을 보여야 하는 일에는 내가 아주 쓸모없는 사람이 된다.

당신의 인상이 형성되는 순간의 기억

일에 대한 이야기는 광범위하다. 우리 모두는 직장 생활을 하면서 우리가 누구이며 무엇을 가치 있게 생각하는지 정의할 수 있는 사건들을 겪기 때문이다.

당신이 중요하게 여기는 것을 추상적인 용어로 쉴 새 없이 떠들어대는 것과 그것을 아주 생생하고 설득력 있게 표현해서 누군가와 마음이 통하는 것 사이에는 엄청난 차이가 있다. 25쪽에 나온 보편적인 법칙을 기억하라.

마음과 마음의 연결 = (화자의) 자극 + (청자의) 반응

당신이 이야기로 자극하면 그 이야기를 들은 상대방은 ― 최근에 뇌수술을 받아 정신이 몽롱한 상태가 아니라면 ― 반응할 것이다.

멘토 이야기

이직을 위한 면접에서 윗사람으로부터 배운 지혜를 이야기하면 효과적이다. 그렇게 함으로써 당신이 상사를 존경하고 ― 당신을 면접하고 있는 사람이 당신의 상사가 될 가능이 크다 ― 오만하게 배우길 거부하는 사람이 아니라는 점을 보여줄 수 있다.

당신이 몸담으려 하는 업계에 대한 소견이나 학설을 조심스럽게 논하는 것도 아주 좋다. 면접관은 당신의 폭 넓은 독서량과 학식에 대해 강한 인상을 받을 뿐만 아니라, 자신이 모르고 있는 또는 오랫동안 잊고 있었던 이론을 알고 있으면서, 자신의 조직에 들어오고 싶어 하는 이 박학다식한 사람에 대한 경계심을 풀 것이다.

> 66 당신의 능력이나 기술을 설득력 있는 이야기로
> 표현할 수만 있다면, 당신은 선명히 기억될 것이다. 99

3 요약

이 장에서는 스토리텔링을 응용할 수 있는 두 가지 일반적인 비즈니스 상황, 프레젠테이션과 인터뷰에 대해 이야기했다. 두 상황 모두 다음 세 가지가 아주 중요하다. 우선, 청자에 대한 이해가 있어야 하고, 두 번째로 화자가 원하는 방향으로 청자를 이끄는 데 도움이 되는 이야기를 잘 선정해야 한다. 마지막으로 청자에게 생생하고 선명하게 기억될 수 있게 이야기를 풀어가야 한다. 다음번 프레젠테이션이나 인터뷰에서는 좋은 결과가 있길 바란다.

창업이나 모험적인 사업을 시작할 때

스토리텔링을 어떻게 활용할 것인가?

새로운 사업을 시작할 때 꼭 알아야 할 세 가지 법칙을 살펴보고,

당신의 사업 이야기를 만들어 본다.

Chapter 04

당신의 사업 이야기

1 생계유지냐, 열정을 쏟을 것이냐

Part 2에서는 당신의 개인적인 이야기를 약간 탐구해볼 예정이다. 내가 처음 이 책을 쓰기 시작했을 때는 그 부분을 개인적인 삶의 이야기로 가볍게 다룰 생각이었다. 하지만 개인적인 삶의 이야기와 일 이야기, 이 두 가지는 떼려야 뗄 수 없음이 나에게 더없이 명백해졌다. 서로에게 공통되는 부분이 많기 때문이다.

이 시대의 풍족한 나라에 사는 대부분의 사람은 상당히 의도적으로 생계를 위한 직업을 고른다. 자신의 의도와 관계없이 직업을 갖는 경우는 거의 없다. 그런데 우리에게는 소명처럼 다가오는 특정 직업, 역할, 또는 회사가 있다. 비록 이런 사실을 우리가 의식하지 못할지라도.

여기 이런 현상에 관한 이메일이나 직접 들은 이야기를 실었다.

나도 모르게 마음이 끌리는 회사나 조직

"몇 년 동안 근무하고서야, 내가 왜 이 가끔은 불만스럽지만 대단히 즐거운 곳에서 일하고 있는지 겨우 깨달았어요. 이 회사는 심지가 굳은 두 사람이 설립했고, 그 둘은 각자 뚜렷하게 구분되는 역할을 맡고 있죠. 저는 동료들과 함께 설립자들이 창조해낸 가족의 실질적인 큰형, 큰누나 역할을 했습니다. 우리는 '부모님'을 건사하며 인정받으려고 했고, 부모님이 안 계실 때는 모든 어린 동생들을 돌봐야 했습니다. 두 번째 서열인 우리들이 우리 가족의 맏이라는 사실을 배워간다는 것이 참 재미있었어요!"

"저는 지금까지 직장을 이곳저곳 참 많이도 옮겨 다녔죠. 지금은 이 조직이 그리고 또 누군가가 나를 필요로 한다는 점이 아주 좋아요. 그래서 다른 직장에서 느꼈던 좌절감도 극복했고요."

하늘이 내려준 역할

"예술가는 실제 삶과 직업의 경계가 모호한 것 같아요. 가수나 연기자는 자신의 모든 것을 바치죠. 이런 점은 그들이 감정적으로 진실한 원천이 되고, 그 결과 그들의 진심을 관객들이 느끼게 되는 거죠."

"보험 영업이 나에게 천직이라고 말하면 대부분의 사람은 저를 바보로 알아요. 하지만 보세요. 저는 운명에 맞서 자신을 보호하는 일이 아주 현명하다고 항상 믿어왔어요. 그런 의미에서 저는 사람들에게 아주 멋진 봉사를 하고 있고, 고객을 만나려고 비오는 겨울밤에도 주택 단지를 헤매고 다니는 이유가 여기에 있습니다."

"저는 교회에서 자원봉사자로 일하고 있습니다. 제 이야기는 예수님과 그의 나라 이야기에 완전히 예속되어 있습니다. 몇 년 전 예수님에 대한 이야기를 듣고, 예수님의 부활과 세상을 향한 그의 메시지가 사실이라면 세상에서 중요한 것은 오직 이것뿐이라고 깨달았을 때, 저의 모든 것이 변했습니다. 얼마나 강한 동기가 되었는지 몰라요!"

"저는 중소기업을 대상으로 하는 비즈니스 컨설턴트입니다. 저는 직장 생활의 대부분을 대기업에서 일했고, 대기업 관리자들이 쓸데

없이 그들의 삶과 고객들의 삶을 복잡하게 만드는 것을 보고 좌절감을 느꼈습니다. 그래서 제가 지금 하는 일은 관리자들이 가능한 일을 단순하게 할 수 있게 헌신적으로 돕는 것입니다. 그래야 그들이 마케팅과 사업 발전에 힘을 쏟을 수 있을 테니까요."

당신의 삶의 에너지와 직업적인 에너지가 일치하면 일치할수록, 당신이 삶과 직업, 둘 다에서 성공할 가능성은 커진다.

당신이 알고 있는 사람들 중 자신이 하는 일에서 큰 성취감을 느끼는 이들을 생각해 보라. 예외 없이 그들의 개인적인 열정과 그들이 생계를 위해 하는 일 사이에는 일치하는 부분이 많을 것이다.

2 당신의 모험적인 시도에 대한 스토리텔링

지나치게 단순화한다고 비난받을지도 모르지만, 대부분의 새로운 벤처 사업이나 프로젝트를 구상할 때, 나는 다음 세 가지만 질문해 보면 된다고 생각한다. 이것이 왜 필요한가? 어떻게 만들 것인가? 그리고 왜 당신인가?

법칙 1 당신이 만족시키고자 하는 요구 (시장 이야기)

법칙 2 요구를 충족시킬 방법 (제품 이야기)

법칙 3 그 누구도 아닌 당신이어야 하는 이유 (사람 이야기)

법칙 1 당신이 만족시키고자 하는 요구 (시장 이야기)

젊은 시절 내가 시장 조사원으로 일하면서 포커스 그룹(시장 조사나 여론 조사를 위해 각 계층을 대표하는 소수의 사람을 뽑아 만든 그룹)을 운영할 때, 가장 흥미로운 사실을 보여주는 질문은 항상 이것이었다. '이 브랜드나 제품, 서비스가 존재하지 않는다면, 누가 가장 아쉬워할까?' 상당히 자주 사람들은 "글쎄요, 아두도 없을 것 같은데요"라고 대답했다. 다음 판촉 행사가 문제의 신제품에 달려있는 당사자들에게는 아니겠지만, 이것은 아주 흥미로운 조사 결과였다.

당신이 이 상황에서 해야 할 일은 시장의 요구를 표현해 낼 수 있는 흡인력 있는 방법을 찾는 것이다. 그리고 그 방법으로 가장 효과적인 것이 스토리텔링이다. 내가 가장 좋아하는 이야기 중의 하나가 이노센트 드링크*의 창업 이야기이다. 창업자들이 직접 이야기하는 그들의 이야기를 들어 보라.

1998년 여름, 우리의 스무디 비법을 처음으로 개발했을 때, 우리는 다니던 직장을 그만둬야 할지를 여전히 고민하고 있었죠. 그래서 500파운드에 달하는 과일을 사서 스무디로 만들고, 런던에서 열리는 작은 음악 페스티벌에 가서 팔았습니다. 우리는 '이 스무디를 만들기 위해 우리가 직장을 그만 둬야 할까요?'라고 쓴 큰 표지판을 세워두고, '예'와 '아니오'라는 말이 붙어 있는 빈 통을 앞에 내 놓고, 스무디를 사는 사람들에게 다 마신 스무디 병을 원하는 통에 넣어달라고 했죠. 페스티벌이 끝나갈 무렵 '예'라는 말이 붙은 통이 가득 찼고, 우리는 다음 날로 사표를 냈습니다.

*이노센트 드링크Innocent Drinks: 영국에서 시작한 음료회사로 주로 스무디와 향을 첨가한 생수를 생산한다.

어떻게 이 이야기가 시장의 요구에 대한 선명한 이미지(빈 통이 가득 찬 '예'가 붙은 통)와 창업자들이 무릅써야 했던 개인적인 위험 부담을 결합시켰는지 주목하라. 그리고 사람들에게 더 건강하고 맛있는 음료를 제공하겠다는 그들의 신념과 그 일을 하면서 즐거움을 느끼고자 하는 그들의 바람이 어떻게 표현되었는지도 주목하라. (서로 다른 시장이지만, 어떤 양조장에서도 이런 비슷한 말을 한다. '기네

스도 좀 마시고, 돈도 좀 벌고, 즐거운 시간도 좀 보내라.')

시적인 면은 좀 덜할지 몰라도, 당신의 시장 이야기도 똑같이 효과적일 수 있다.

시장의 요구를 종종 다른 각도에서 이야기하는 경우도 있다.

여러분, 이건 정말 어리석은 짓이랍니다!
"이 조임 나사는 종류별로 3가지면 충분할 텐데, 왜 14가지 종류나 나왔을까요?"

(제조업 컨소시엄의 품질관리팀)

런던 시민 여러분, 더 이상 참지 마십시오!
"우리는 런던 시민이 점심으로 형편없고 고약한 맛의 샌드위치를 참고 먹을 필요가 없다고 생각합니다."

(프레타망제)

더 편해질 수 있습니다!
"당신은 24시간 언제든지 은행 업무를 볼 수 있어야 합니다. 수화기 건너편에서 들려오는 친절한 목소리와 함께라면 더할 나위 없죠."

(퍼스트 다이렉트*)

*퍼스트 다이렉트First Direct: 영국에 있는 HSBC 계열의 소액 거래 은행. 전화와 인터넷을 기반으로 영업하며 1989년 만들어진 이후 콜센터가 한 번도 문을 닫지 않은 것으로 유명하다.

여기서 주목해야 할 기술은 듣는 사람들에게 시장의 요구를 분명히 보여주는 것이다. 시장 이야기 중에 뛰어난 것을 보면 거의 유치할 정도로 단순하다. 그런 단순함이 가장 강한 설득력을 발휘한다.

> **66** 시장의 요구를 표현해 낼 수 있는
> 흡인력 있는 이야기를 찾아라. **99**

법칙 2 요구를 충족시킬 방법 (제품 이야기)

프레타망제의 이야기를 참고로 제품 이야기를 해 보도록 하자. 시장 이야기는 결정된 상태다. 매일 런던에는 수십만 명의 사람들이 바쁜 와중에도 맛있는 샌드위치를 찾아 헤매고, 또 지금 먹고 있는 것보다 훨씬 나은 샌드위치를 먹어야 마땅하다. 그럼 이 요구를 어떻게 충족시킬 것인가?

먼저, 가판대를 세워라. "우리는 더 신선하고 좋은 재료를 사용합니다. 그리고 매일 매장에서 직접 만듭니다. 멀리 공장에서 만들어 실어 오는 것이 아닙니다. 천연 재료의 수제 샌드위치! 우리가 파는 샌드위치는 훨씬 맛있을 수밖에 없습니다."

꽤 재치있는 아이디어다. 프렛은 사람들이 질 좋고 신선한 먹을거리를 원하지만 자기가 먹을 샌드위치가 만들어지는 것을 보고 싶어하진 않는다는 것을 알았다. (엄밀히 말하자면, 샌드위치를 먹으려고 길게 줄을 서서 기다리면서 앞사람들이 먹을 샌드위치가 만들어지는 것을 보고 싶어 하지 않는다고 해야 맞을 것이다.)

샌드위치를 먹고자 하는 사람에게는 두 가지 선택권밖에 없었다. 시간이 없다면 슈퍼마켓에서 파는 언제 만든 지 모를 그저 그런 맛의 샌드위치를 먹든지, 아니면 샌드위치를 전문으로 파는 식당에 가서 샌드위치가 만들어지는 동안 식당 주인과 잡담을 하면서 점심시간의 반을 허비하든지, 둘 중 하나였다. 하지만 프레타망제는 새로운 선택권을 주었다. 샌드위치든, 샐러드든, 케이크든 원하는 것을 그 자리에서 바로 사서 먹을 수 있다. 신선한 재료의 맛있는 샌드위치를 미리 매장에서 만들어 포장해 두었기 때문에 아주 신속하게 사갈 수 있다. 원한다면 매장에 앉아서 신선한 커피와 함께 먹을 수도 있다.

기본적으로 뛰어난 제품 이야기는 양자택일의 딜레마를 모두 해결하는 경우이다. 몇 가지 예를 들어 보겠다.

푸 파이터스*	엣지있는 기타 연주의 록 음악과 눈부신 선율
이베이ebay	어디서든, 그리고 어느 누구와도 할 수 있는 개인 간의 거래
아마존닷컴Amazon.com	놀라운 선택, 그리고 불가능을 가능하게 하는 편리함
말메종호텔Malmaison Hotels	쉬크하면서도 도심 비즈니스의 중심에 자리한 호텔
할리데이비슨Harley Davidson	고성능, 그리고 흠잡을 데 없이 멋진 디자인

*푸 파이터스Foo Fighters: 1994년에 결성된 미국 록밴드

법칙 3 그 누구도 아닌 당신이어야 하는 이유 (사람 이야기)

내가 아는 유일한 벤처 투자자는 투자를 결정할 때, 비즈니스 아이디어의 건실함도 부분적으로 보기는 하지만 사업을 관리할 팀의 능력을 가장 중요하게 본다고 말한다.

투자자, 파트너, 고객들에게 문제는 '왜 당신이어야 하는가?'이다. 사람들에게 당신이 그 일에 적임자임을 확신시켜야만 한다. 당신이 어떤 자질을 지니고 있는지 나로서는 알 수 없지만, 내가 확실히 말할 수 있는 것은, 당신이 투자자들의 관심을 확 사로잡을 수 있게끔 당신의 자질을 표현해내야 한다는 점이다.

프레타망제 이야기로 다시 돌아가 보자.

> **66** 우리는 그저 우리가 관심있는 일에
> 대단히 열정적일 뿐입니다. **99**
>
> 앤드류 롤프, 프레타망제 회장 겸 최고 경영자

프렛은 아주 좋은 비즈니스 아이디어를 가지고 있었다. 당시 많은 사람도 역시 그랬다. 하지만 프래타망제를 설립한 사람들의 수완은 그들의 특징을 — 긍정적이고 열정적이며 즐거운 서비스와 훌륭한 음식 — 사업가로서 그들이 누구인지 보여줄 수 있는 본질적인 부분으로 만든 데 있었다.

다음은 내가 최근에 본, 컨설팅 사업을 새롭게 시작한 업체의 홍보 문건 중 일부이다.

'우리는 지난 20년 동안 컨설팅을 하면서 대부분의 시간을 대기업과 고위 경영진들을 상담하며 보냈습니다. 우리는 더 이상은 그렇게 하지 않으려 합니다. 우리는 이제 소규모 프로젝트를 같거나 중소기업과 함께 일하고자 합니다. 우리는 '무부가가치' 부서와 일하고 싶지 않습니다. 무부가가치부서란 대기업이라면 어디게든 있는, 주로 높은 층에 자리 잡고 있는 부서를 말합니다. 그 부서는 대다수가 똑똑하고 얼굴에 미소를 띠고 있으며, 가끔 회사 웹사이트에 들어가 보는 것 말고는 거의 하는 일이 없는 사람들로 이루어져 있습니다. 우리는 작은 사업체를 위해 일하고 수수료도 적게 받는 작은 기업입니다. 우리가 이런 방식을 선호하기에 귀사도 우리 회사를 마음에 들어 하리라 생각합니다.'

이 선전을 보고 나는 시장에서 자리매김하기에 기발한 아이디어라고 생각했다. 하지만 무엇보다도 이 문구는 당사자들이 주목하는 점의 특성과 그들의 열정을 이야기하고 있다. 지금 사업을 시작한 이 사람들은 그들의 고객 회사에 변화를 가져오길 언제나 바랄 것이다. 그들은 고객 회사가 더 나아지려면 그들의 모든 것을 동원해야 한다고 믿는다. 그런데 무부가가치부서라는 힘에 부치는 상대를 만난 것이다. 이 강적이 그들의 신념을 가로막고 서 있다. 그래서 이 상대를 교묘히 회피하면서 그들의 신념을 지키고자, 그들은 오직 작은 규모의 회사하고만 일하겠다고 말하고 있다. 이는 상업적인 위험 요소가 있지만, 진심에서 우러나온 말이다. 마치 천연재료의 수제 샌드위치만을 만들겠다고 이야기하는 것처럼. 중요한 것은 선택이다. 그리고 선택이 이야기를 만든다.

마무리하면서 이 장에서 다룬 것을 프레타망제의 이야기를 이용해 복습해보자.

당신에게 필요한 이야기	프레타망제의 예
시장 이야기: 시장이 요구하는 것을 분명히 보여준다.	너무도 많은 런던 시민이 수준 이하의 점심을 먹고 있습니다.
제품 이야기: 시장의 요구를 충족시킬 수 있는 방법을 보여준다.	천연 재료의 직접 만든 음식을 친절한 분위기에서 빠르게 먹을 수 있습니다.
사람 이야기: 당신만이 적임자인 이유를 보여준다.	신선하고 신속한 점심을 마련하는 일에 우리는 그 누구보다 더 열정적이고 헌신적이며, 이런 점은 프레타망제 어느 매장에 가도 느낄 수 있습니다.

당신이 어떤 사업이나 프로젝트, 모험적인 시도를 하든, 당신의 이야기가 정확히 전달되도록 하라.

사업에 변화를 가져오기 위해

스토리텔링을 어떻게 이용할 것인가?

회사가 추구하는 이상과 직원들을 어떻게 연결시킬 수 있을까?

조직의 변화에 촉매제 역할을 하는 스토리텔링을 구체적으로 알아본다.

Chapter 05

이야기를 발견하고
자기 것으로 만들기

1 연결 짓기

나는 지금 미국 상공에서 이 글을 쓰고 있다. 비행기를 탈 때마다 나는 조종사와 기관사, 그리고 승무원들이 이런 여행을 어떻게 그렇게 쉽게 하는지 보면서 항상 경탄을 금치 못한다. 지금 이 순간, 나는 대서양 연안 3000피트 상공에서 티타임을 즐기며 고요한 황홀경에 사로잡힌 채 미국 서부 도시로 쏜살같이 날아가고 있다.

내 앞에는 회의가 연속해서 기다리고 있다. 그 회의에서 나는 '연결'을 시도하려 한다. 새로운 고객인 대형 금융 회사와 함께 일하고 있는 미국 동료들에게서 나는 컨설팅 지원을 의뢰받았고, 비행기 안에서 몇 가지 초기 보고서를 읽고 있다.

많은 다른 은행들처럼, 이 은행도 그들이 고객을 위해서 무엇을 하고자 하는지 상징적으로 보여주는 브랜드의 잠재력을 깨닫고 있다. (냉소적인 사람들은 은행이 고객을 위해서라기보다는 고객을 이용해 무엇을 하고자 하는 지라고 말하겠지만.)

서류는 통찰력 있고 빈틈없이 작성되어 있다. 그들은 '고객과 지속적이고 직관적인 관계를 유지함으로써 고객에게 봉사한다' 라고 사업 목적을 서술해 놓았다. (내 생각에 그들이 의미하는 바는 누군가를 더 잘 알게 되면, 그들에게 더 많은 것을 제공하여 더 많은 것을 팔수 있다는 뜻 같다.) 은행은 이 특징을 고객과 접촉할 때, 광고와 보도를 할 때, 그리고 직원들과 계약 관계를 맺고자 할 때 확실히 보여주고 싶어 한다.

회사나 조직은 언제나 사람들에게 자신을 각인시킬 수 있는 초점을 제공할 방법을 찾는다. 그래서 사람들이 '이 회사는 뭘 하는 곳이지? 나를 위해 뭘 해주지?'라는 의문을 가질 때, 제대로 된 대답을 할 수 있는 CEO에게 승산이 있다. 그러나 대부분의 조직은 이 기본적인 테스트에서 낙제점을 받는다.

도무지 알 수 없는 역할

이론의 여지가 있겠지만, 조직의 방향성을 제공하는 가장 새롭고도 효과적인 방법은 브랜드 이용이다. 브랜드는 사람들에게 감성적으로 호소하고 실용적으로 소용되는 일련의 독특한 활동이다. 예를 들어 버거킹은 일정에 쫓기는 사람들에게 따뜻하고 꽤 맛있는 음식을 제공한다는 약속을 상징한다. 고객이 부지런히 하루 일을 계속해 나갈 수 있도록, 계산대 뒤의 직원들이 엄청난 속도로 요리하고 서비스하고 있다는 것을 버거킹 매장에 서 있는 사람들은 짐작한다.

당신의 브랜드가 충분히 명확하다면 사람들은 그 의미를 이해한다. 이 명확함에 이르는 것이 어려울 뿐이다.

은행에서 하는 회의는 특유의 분위기가 있다. 열의와 냉소와 유쾌함이 번갈아 가며 나타난다. 나에게는 현실감도 느껴진다. 회의 주제는 은행의 직원 3만 명과 은행이 추구하는 아이디어를 어떻게 연결할 것인가이다. 하지만 회의실에서 쓰이는 언어는 연결과는 거리가 멀어 보인다. 사람들은 각자 직분의 벽에 갇혀 이야기한다. 그들은 자신보다 직책이 높은 사람이 말을 꺼내면, 그것이 실없는 소리라 할지라도, 입을 꼭 다문다.

우리는 연결의 전략 부분에 이른다. 그런데 직원들과 연결시키려 하는, 직원들이 이해했으면 하는 그 아이디어는 무엇일까? 은행 직원들에게 일깨우려 하는 그 아이디어가 무엇일까?

그것은 '다중노선접속'이라 불린다고 한다.

맙소사!

나는 이것이 무엇을 뜻하는지 집요하게 물고 늘어지는 바람에 회의실에서 약간 인기를 잃고 만다. 그것은 사업부서 간의 협력을 뜻한다고 한다. 고객이 은행 밖에서 서비스를 찾지 않도록 사업부서 간에 서로 협력해서 서비스를 판매하는 것이다. (예를 들어, 현재 계좌를 보유하고 있는 고객이 자동차 보험을 필요로 하면 보험 사업부로 고객을 연결시켜 주는 것이다.)

전문용어

다중노선접속은 전문적인 말로 '허튼소리'라 일컬어지는 용어의 전형적인 예라 하겠다. 고위 경영진의 입에서는 항상 이런 용어가 나온다. 이런 용어가 사용하는 사람들에게 권위와 권력을 부여하는 것처럼 느끼기 때문이다. 하지만 단지 그들이 직면한 문제에 대한 두려움을 가장하기 위해 그런 전문용어를 사용하는 것뿐이다. 마치 요리사가 '커스터드'는 왠지 수준이 낮아 보이니까 '앙글레즈 소스'라고 메뉴판에 올리는 것과 같다.

비즈니스를 어지럽히는 허튼소리 몇 가지를 실어 보았다.

허튼소리	고위 경영진이 이런 말을 사용하는 이유
미션	사례 연구에 참여하는 모든 사람들에게는 미션이 있으니까. 톰 크루즈도 미션이 있지 않았던가?
전략적 우선순위	'우리가 꼭 해야 하는 일'이라고 하면 중역의 느낌이 안 나니까.
리더십 역량	사람들이 인상 깊게 볼 목록 중에 하나로 필요하니까. 특히 자기 자리를 노리는 사람들에게 보여 주기 위해서.
레버리지	실제로 잡아당길 수 있는 레버가 있는 듯해서.
전략	미래에 대한 일련의 불안한 추측을 포장하려고.
포트폴리오	정돈되지 않고 혼란스러운 것이 우리의 비즈니스니까.
전략적 사업 군	가장 정돈되지 않고 혼란스러운 것을 칭하기 위해.

다중노선접속에 관한 긴 토론이 뒤따른다. 그 사이에 누군가 다음과 같은 언급을 한다. 최고 경영자가 정기적으로 주관하는 전 직원 전화 회의에서 — 은행 직원은 누구나 전화로 참여할 수 있다 — 다중노선접속 개념을 전달하려 했다고 한다. 그런데 펜실베이니아의 알렌타운에 있는 한 주택 융자 담당 직원이 다소 하소연하듯이 물었다고 한다. "그러면 이 다중접속인지 뭔지 하는 것을 하려면 누구에게 전화해야 하죠?"

바로 이 지점에 우리가 찾던 단서가 있었다. 어설프게 짜이긴 했지만 하나의 이야기가 안갯속에서 모습을 드러냈다. 잘 해보려고 하면서도 어찌해야 할지 모르는 반응, 그것이 은행의 진정한 목소리인 것이다. 그럼 내가 이 문제를 어떻게 해결해야 할까? 이 이야기가 바로 말도 안 되는 경영의 한 단면(다중노선접속)과 은행 직원들을 연결시켜 줄 것이다.

이 이야기는 최소한 두 가지 방식으로 촉매제 역할을 할 수 있다. 첫 번째는 이 경우처럼 일어난 그대로 이야기해서 실용적인 지도와 도움이 필요하다는 사실을 은행 직원들에게 상기시키는 것이다. 다중노선접속의 이상과 고상한 언어가 그것을 전달하려는 현실과 얼마나 큰 격차가 있는지 이 이야기로 인해 똑똑히 알 수 있다. 이 상황을 청자가 이해하게 되면 화자는 영향을 미칠 수가 있다.

　다른 방법은 바람직한 모델을 찾아, 전달하고자 하는 변화의 아이디어가 녹아 있는 이야기로 재구성해서, 설득력 있게 다시 이야기해서 듣는 사람들의 마음에 작용할 수 있게 하는 것이다. 몇 번의 전화 통화만으로도, 자신의 인맥으로 기지를 발휘해 고객을 은행의 다른 부서로 안내한 주택 융자 담당 직원을 찾을 수 있었다. 그 직원의 이름은 마시 앨런이고, 바로 우리 이야기의 주인공이다.

마시 이야기

　2001년 9월, 버팔로에 있는 주택 융자 상담자 마시 앨런은 주택 담보 설정을 변경하려는 고객을 상담하고 있었다. 고객의 재무 상태를 확인하던 중 마시는 고객의 가족에게 적당한 연금 대책이 없다는 사실을 알았다. 하지만 어떻게 조언해야 할지 몰랐다.

　그녀의 핸드백에 재무 설계를 하는 동료의 명함이 하나 있었다. 마시는 그 동료를 두 달 전 간담회에서 만났고 둘은 아주 잘 어울렸다. 마시는 그 번호로 전화해서 상황을 설명하고, 고객이 수화기 너머에서 들려오는 친절한 목소리의 직원과 통화할 수 있게 해 주었다.

고객은 흡족한 담보 대출 거래도 하고, 그 자리에서 개인연금 대책도 세웠으며, 은행 업무가 고객을 위해 밀접하게 연관되어 있다는 느낌도 받았다. 이 모두가 두 직원이 서로 잘 맞아 명함을 교환한 덕분이다.

마시의 이야기를 구성하면서, 우리는 중요하지만 간과하기 쉬운 요소를 발견했다. 모든 제대로 된 은행은 고객을 상호 안내할 수 있는 전화번호 목록이 있다. 하지만 그 번호로 전화했을 때 응답하는 담당자는 전화를 건 직원이 모르는 사람일 가능성이 크다. 직원들이 자신의 고객을 잘 모르는 사람에게 안내하는 것에 과연 마음이 내켜할까? 고객서비스나 영업 관련 일을 하는 사람들은 바로 앞에 있는 고객의 일에 따라 움직인다. 그들의 에너지는 고객의 기대에 부응하는 데 있고, 그들의 두려움은 고객을 실망시키는 데 있다. 고객을 누군가에게 연결시킨다는 것(다중노선접속)은 고객을 실망시킬 수 있는 위험요소를 내포하고 있다.

우리는 대개 친숙한 사람과 거래하고 싶어 하지 전혀 모르는 사람과 거래하고 싶진 않다. 이 말은 공급자와 고객 사이만큼이나 조직 내에도 적용된다. 이 은행의 전략이 완전한 성공을 이루기 위해서는 마시와 같은 수천 명의 직원이 전화 수화기를 넘겨주어야만 한다.

마시 버전의 다중노선접속은 그녀가 한 전문가를 만나 서로 사이가 좋아져 그 사람을 신뢰할 수 있어 성공했다. 다중노선접속의 성공 비결은 지시나 명령, 또는 더 좋은 내부전산망이 아닌, 은행 내부 직원들 간의 더 나은 관계에 있다. 고객을 소개하기 전에 그 고객을 소개받을 직원에 대해 알고 있어야 하기 때문이다. 마시 이야기를 다시 한 번 살펴보자.

2001년 9월, 버팔로에 있는 주택 융자 상담자 마시 앨런은 주택 담보 설정을 변경하려는 고객을 상담하고 있었다.	**기본 설정** 이야기의 관련성을 청자에게 알려주고 주인공을 소개한다.
고객의 재무 상태를 확인하던 중 마시는 고객의 가족에게 적당한 연금 대책이 없다는 사실을 알았다. 하지만 어떻게 조언해야 할지 몰랐다.	**시작: 주인공에게 닥친 역경과 위기** 청자는 그 장면을 머릿속에 떠올리고 상상한다.
그녀의 핸드백에 재무 설계를 하는 동료의 명함이 하나 있었다. 마시는 그 동료를 두 달 전 간담회에서 만났고 둘은 아주 잘 어울렸다. 마시는 그 번호로 전화해서 상황을 설명하고, 고객이 수화기 너머에서 들려오는 친절한 목소리의 직원과 통화할 수 있게 해 주었다.	**중간** 주인공의 현명한 선택과 행동 방침, 그리고 노력으로 **역경이 해결**된다. 고객을 위한 연결 짓기라는 주제가 주인공의 행동으로 나타난다.
고객은 흡족한 담보 대출 거래도 하고, 그 자리에서 개인연금 대책도 세웠으며, 은행 업무가 고객을 위해 밀접하게 연관되어 있다는 느낌도 받았다. 이 모두가 두 직원이 서로 잘 맞아 명함을 교환한 덕분이다.	**마무리: 행동의 결과** 청자의 관심사와 변화의 아이디어가 반영된다. 변화를 이끌어낸다.

마시의 이야기는 직원들이 이해했으면 하는 은행의 아이디어에 대한 진정한 대화의 출발점이다.

Part 1이 당신에게 필요한 것을 이야기했길 바란다. 나는 당신이 사람들에게 좋은 영향을 미치고 사람들을 설득하는 데 도움이 되는 일련의 아이디어와 도구를 제공하려 했다. Part 2에서는 당신의 개인적인 이야기를 살펴보려 한다. 또한 당신의 개인적인 이야기가 당신의 직업에 미친 중요한 영향에 대해서도 살펴보려 한다.

> **66** 바람직한 모델을 찾아, 전달하고자 하는
> 변화의 아이디어가 녹아 있는 이야기로 구성하여
> 설득력 있게 이야기하면,
> 듣는 사람들의 마음에 작용할 수 있다. **99**

설득의 **스토리텔링**

How to Move Minds and Inf

삶과 스토리텔링

삶을 여행 중인 당신은 어떤 여행을 하고 있나?

서류 가방 안에 갇혀 무기력하게 살고 있나?

아니면 배낭을 메고 모험을 하며 자유롭게 살고 있나?

당신 삶의 주인공인 당신에게 인생의 기본적인 질문을 해 본다.

Chapter 06

삶의 주인공인 당신

> **당신이 더 이상 위험을 무릅쓰지 않는다면**
> **이야기는 끝난 것이다.**
>
> 올리버 스톤

1 어떻게 살 것인가?

런던 지하철에는 피카딜리 라인이라 불리는 노선이 있다. 이 노선의 서쪽 부분은 히스로 공항과 런던 중심지 사이를 오간다. 주중 아침 7시 30분경에 중심지를 향해 가는 열차를 타면 두 종류의 사람들을 볼 수 있다. 서류가방을 들고 도심으로 출근하는 사람들이 있고, 배낭을 멘 다양한 연령대의 사람들이 있다. 그들은 호주, 미국, 남미 등지에서 출발해 밤샘 비행을 하고 비행기에서 막 내린 사람들이다.

이 둘 사이의 차이점을 짐작할 수 있을 것이다. 똑같이 열차를 타고 있어도 한쪽은 여행을 참고 견디고 있고, 다른 한쪽은 여행을 즐기고 있다. 지하철 손잡이에 매달려 배낭 멘 사람들이 하는 말을 엿듣는다. 머리를 뒤로 질끈 묶은 두 명의 젊은 뉴질랜드 여성이 당장의 계획을 짜고 있다. 어디에서 묵을지, 당분간 돈을 벌 일자리는 어떻게 마련할지, 런던에 있는 어떤 지인에게 도움을 받을지 ……. 여행 중인 그들의 에너지가 느껴진다.

출근하는 사람들이 신문을 보며 이들이 하는 대화를 듣는다. 많은 사람이 '좋겠다'라고 생각한다. 어떤 사람은 '나도 떠날 수만 있다면' 하고 생각한다. 어떤 이는 듣지 않으려고 한 지 오래다.

우리는 모두 삶을 여행 중이다. 이 여행이 어떻게 끝날지 아무도 확실히 모르기 때문에 정말 고민해야 할 문제는 단 한 가지이다. 어떻게 여행할 것인가?

서류가방 안에 갇혀 여행할 것인가, 배낭을 메고 자유롭게 여행할
것인가?

어떤 선택을 하느냐가 중요하다. 아래 표를 보고 현재 당신의 여행
이 어떻게 느껴지는지 확인해 보라.

서류가방 안에 갇힌 여행	배낭을 메고 자유롭게 하는 여행
대부분의 일에 무관심하고 무감각하다. 정서적으로 닫혀 있다. 위험은 피해 간다. 선택을 회피한다. 책임을 게을리한다. 틀에 박혀 산다. 솔직히 약간 지루하다.	살아가며 생기는 일에 관심이 많다. 정서적으로 열려있다. 위험을 무릅쓴다. 선택을 직시한다. 책임을 다한다. 드라마 같이 산다. 멋져 보인다.

1 당신이 대부분의 시간을 왼쪽 칸에 해당하는 삶을 살고 있고 그
게 행복하다면, 여기까지만 읽어야 할 것이다. 이 책의 나머지는
당신을 언짢게 할 뿐이다.

2 당신이 대부분의 시간을 왼쪽 칸에 해당하는 삶을 살지만 그런
삶이 맘에 들지 않는다면, 어서 다음으로 넘어가라.

3 당신이 대부분의 시간을 오른쪽 칸에 해당하는 삶을 살고 있다
면, 잘 된 일이다. 하지만 읽던 것을 멈추지 마라. 당신이 계속해
서 그렇게 사는 데 도움이 되는 몇 가지가 있을 것이다.

(그리고 참, '뭐야 더 이상 일에 대한 이야기는 하지 않잖아' 하고 속으로 생각하는 사람이 있다면, 기다려라. 앞으로 나올 것이다.)

Part 2에서의 제안은 간단하다. *'당신은 스스로에게 배낭을 메게 할 의무가 있다.'*

당신이 배낭을 멜 수 있도록, 우리는 먼저 꽤 비중 있는 질문에 대한 답을 찾으려고 한다. 바로 *'당신의 이야기는 무엇인가?'*이다.

간단히 말해 당신의 이야기는 당신에게 중요한 것, 당신이 한 선택, 소중한 것을 위해 당신이 무릅쓴 위험, 이런 모든 것들이 지금 당신을 어디에 이르게 했는가를 말한다. 무엇보다 중요한 점은, 당신의 이야기가 당신의 에너지와 두려움을 이야기한다는 것이다.

이 책은 사람들에게 영향을 미치는 법에 관해 이야기하고 있다. 당신이 사람들에게 영향을 주려면, *'당신이 무엇으로부터 영향을 받았는지'* 알아야만 한다.

Part 1에서 우리는 타인에게 영향을 주는 설득력 있는 스토리텔링에 대해 살펴봤다. 당신이 일에 대한 이야기를 할 때 어떻게 솜씨를 발휘해야 사람들을 이끌 수 있는지 알아보았다. Part 2에서는 흥미로운 이야기가 되려면 어떤 요소가 필요한지 살펴볼 것이다. 몇 가지 영화와 조직을 예로 들어 살펴본 후, 당신이 있던 자리, 당신이 지금 하는 일, 당신이 향하는 곳을 아울러 하나의 이야기로 묶을 수 있게 도울 것이다.

배낭을 멜 준비를 하라.

❝ 당신의 이야기는 무엇인가? ❞

2 주인공에게 하는 질문

주인공은 영화의 취지를 전달하는 역할을 한다. 그럼 당신이 전달하고자 하는 의미는 무엇인가? 당신이 주인공인 인생에서 당신은 어떤 신념을 연기하려고 하는가? 당신 드라마의 원동력은 무엇인가?

10년 전에 구직을 위해 면접을 보러 간 일이 생각난다. 나를 인터뷰했던 사람은 내 학력이나 경험 같은 것에는 관심이 없었다. 그는 그저 내 눈을 바라보며 물었다. "이안, 당신에게 등기를 부여하는 것이 뭐죠? 당신을 자극하는 게 무엇인지 정말 알고 싶군요.” 나는 그저 그런 대답을 했고, 그 일자리를 얻지 못했다.

요 근래 몇 달 동안 나는 다양한 종류의 사람들에게 같은 질문을 했다. 믿기 어려울 정도로 다양한 대답이 나왔다.

- 가족 부양
- 신의 뜻
- 아직 젊을 때 즐길 수 있을 만큼 즐기는 것
- 고객의 문제 해결
- 하루 또 하루 견디기
- 전혀 모르겠습니다

모두 합당한 대답이다. 골똘히 들여다보면 그들 각자가 가지고 있는 휴먼 드라마가 보인다.

자, 이제 주인공에게 하는 질문 시간이다. 다음 질문들을 보고 답을 적어 보라. 보기 드물게 솔직한 나의 대답을 샘플로 적어 놓았다.

나에게 동기가 되는 것은 무엇인가?

(꿈, 신념, 의무, 돈 등 당신 인생에서 지속되리라 믿는 것은 무엇이든)

견본 대답: 사람들이 자신의 에너지를 찾고 자신에 대해 더 많은 것을 깨달을 수 있다는 믿음

이런 것이 동기가 되는 이유는?

(다른 사람이 이해할 수 있는, 첫 번째 질문을 뒷받침할 수 있는 증거.
당신의 행동 방식이나 당신이 한 선택 등의 예)

견본 대답: 나는 사람들이 자신이 누구인지, 무엇을 하길 원하는지 의견을 표명할 수 있게 돕는다. 이 책을 쓰고 있는 것도 그 이유에서이다. 나는 내 아이들이 자신을 표현할 수 있게 하려고 정기적으로 아이들과 함께 시간을 보낸다.

내 삶의 주요한 갈등은 무엇인가?

(당신과 다른 누군가와의 대립, 당신의 머릿속에서 서로 싸우는 갈등, 당신의 동기와 외부 상황 사이에서 오는 충들 등. 갈등이 없다면 이야기도 없다는 것을 기억하라.)

견본 대답: 몇 가지가 있다. 자유로움과 미래에 대한 보장 사이에서의 갈등. 빈둥거리고 공상하며 놀고자 하는 욕구와 내가 사랑하는 가족을 부양하고 타인의 삶에 이바지하고자 하는 욕구 사이의 대립. 우리 모두의 인간 존엄성에 대한 나의 지각과 이런 존엄성을 훼손하는 상황 간의 갈등. 내 직업상, 끊임없이 계속되는 무분별한 경제성장의 흐름 속에서 이 갈등이 가장 자주 모습을 드러낸다. 우리 중 많은 이에게 삶은 돈 앞에서 자존심을 지키기 위한 노력이다.

나는 무슨 일을 하길 간절히 바라는가?

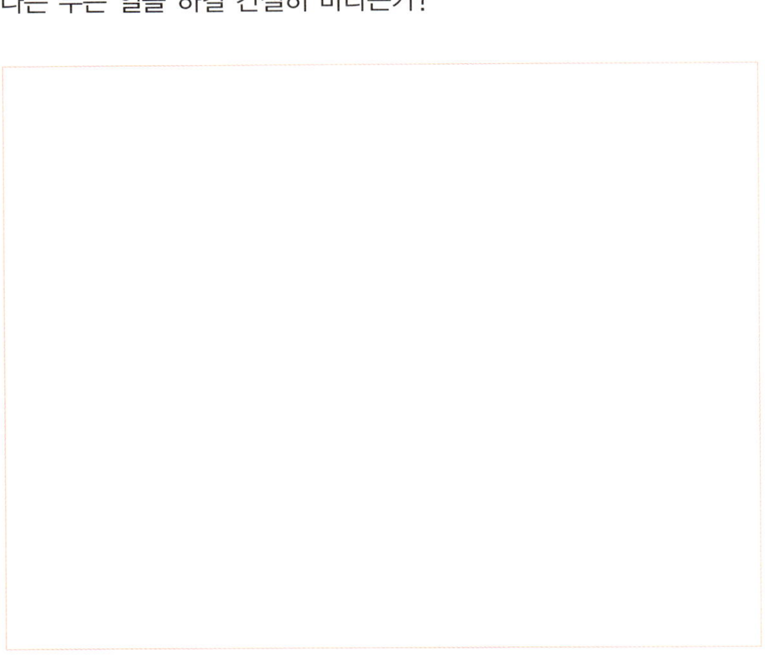

견본 대답: 나는 다른 사람들과 함께 일하면서 일생을 보내길 바란다. 그들이 주변에 좋은 영향을 미치고 자아실현을 하며 살아갈 수 있도록 돕고 싶다. 그래서 살아가면서 우리 모두 함께 더 많은 에너지를 느끼고 더 많이 표현할 수 있길 바란다. 아, 그러면서 돈도 벌 수 있으니 더욱 좋고 …….

이 질문들을 꼭 한 번 자신에게 해보라. 만약 결과가 당신에게 만족스럽지 못하면 스스로 '왜지?' 하고 자문해 보라. 만약 권력이 당신의 동기를 유발한다면, 그 이유를 자문해 보라. 그리고 다시 한 번 무엇이 당신에게 동기가 되는지 물어보라. 결국에는 당신이 정말로 원하는 지점에 이르게 될 것이다.

인생을 살아가며 생기는 예상치 못한 사건들이

우리에게 어떤 선택의 기회를 주는지,

그 선택으로 우리가 어떻게 변해가고,

삶의 이야기가 어떻게 다채로워질 수 있는지 알아보고,

진정한 당신의 이야기를 찾아 나선다.

Chapter 07

삶의 전환점이 되는 사건들

1 뜻밖의 일이 생겼을 때

내가 이야기 형식을 좋아하는 이유는, 우리의 인생처럼, 갖가지 사건이나 안 좋은 일은 일어나게 마련이라는 사실을 내포하고 있기 때문이다. '당신이 원하던 삶을 단번에 이룰 수 있습니다'는 식의 허황된 자기계발서처럼 모든 일이 순조로울 거라고 말하진 않는다.

이야기의 독특한 점은 자주 외부 상황(사건)으로 인해 주인공이 열망해 오던 것을 선택하게 된다는 것이다. 〈에린 브로코비치〉를 보면,

에린이 우연히 차 사고에 말려들면서 사법 체계와 만나게 되고, 이것은 결국 그녀가 성취감을 맛볼 수 있는 무대가 된다.

이야기에서 등장인물은 어떤 사건을 겪으며 균형을 잃고, 어떻게 해야 할지 선택하게 된다. 그 선택은 위험 요소를 수반한다. 그 때문에 계속해서 더 큰 위험에 처한다. 그렇게 전개되지 않는다면, 우리는 이야기를 더 듣거나 보려 하지 않을 것이다. 〈쇼생크 탈출〉을 보면, 교도관과 수감자들로부터 학대받던 앤디 듀프레인은 깊은 절망에 빠진다. 그는 독자적으로 탈출 계획을 세우며 교도소를 교화하는 쪽을 택한다. 회피하거나 외면하는 것이 더 쉬웠을 상황에서 그는 이런 선택을 한다.

시나리오 작가는 이런 사건을 '적대적인 힘'이라 부른다. (모든 이야기에서 주인공은 대립하는 적대자를 만나지 않는가?) 이 말을 들을 때마다 나는 항상 왠지 장중한 느낌을 받는다. 이런 적대적인 힘을 만날 때, 불행한 순간이든 영광의 순간이든, 인물의 성격이 드러난다.

이야기는 우리에게 무언가를 말하려 한다. 사건이 발생했을 때, 뜻하지 않은 일이 일어났을 때, 어떻게 해야 하는지를 말하려 한다.

일상적인 일과 업무의 연속인 삶이 있다. 모든 것이 꽤 순조롭게 진행되고 있는데 사건이 발생한다. 이 사건은 운전 중 길이 막히는 것처럼 사소한 일에서부터 해고를 당하는 중대한 일에 이르기까지 다양하다.

사건 발생 　　(개인적인 일이든, 업무상의 일이든, 길거리에서든)

첫 번째 반응 　"이런, 빌어먹을, 되는 일이 없어."

두 번째 반응 　A　누굴 비난할까? 누구에게 불평을 늘어놓을까? 어떤 술에 취해볼까?

　　　　　　　B　이 사건에 대응하기 위해 어떤 선택을 해야 할까?

성인군자가 아닌 이상 우리는 모두 첫 번째 반응을 거친다. 이런 반응을 하지 않는 사람이라면 두 번째 반응 B로 바로 향할 것이다.

우리 대부분은 두 번째 반응 A의 늪에 빠져든다. 어렸을 때 유리창 깨뜨린 것을 여동생에게 뒤집어씌워 대신 벌 받기 한 이후로 우리는 성공적인 책임 전가에 대해 확실히 깨달았기 때문이다.

대부분은 바로 이곳에 머물면서 처음부터 실패작인 이야기의 서막을 재연한다. 하지만 당신이 균형을 잃거나 밀려나거나 거부당하면,

그것이 신호라고 사람들은 말한다. 세상이 당신을 부르고 있는, 당신에게서 뭔가 다른 것을 요구하는 신호라고 말한다.

몇몇 행운아들은 일어난 사건에 유연하게 대처하고, 다음 수를 생각하며 두 번째 반응 B에 도달한다. 그리고 이 단계에서 충분히 머무르면, 깜짝 놀랄만한 것을 깨닫게 된다. '어떤 일이 생기면 그건 내 이야기의 일부이다.' 어느 누구도 아닌 바로 내 이야기이다. 내가 누구이며 어딜 향해 가고 있는지 보여주는 새로운 장이다. 그리고 이 일로 인해 실제로 내 이야기가 흥미로워진다.

아프리카 저항운동가

아무것도 묻지 말고,
아무도 탓하지 말고,
행동하라.

스티브 비코*

*스티브 비코Steve Biko: 1960~70년대 남아프리카공화국에서 인종 차별 정책 반대 운동을 이끌었던 활동가

영화 역사상, 시대를 초월해 가장 히트한 이야기는 〈스타워즈〉이다. 그 이야기의 중심에 있는 갈등은 아주 단순하다. 루크 스카이워

커의 모습을 한 선과 다스 베이더의 가면을 쓴 악의 대립. 이 간단한 갈등에 악이 또한 선의 아버지이기도 하다는 사실을 던져 넣음으로써 성공적인 이야기가 된다. 악의 모습을 한 아버지 다스 베이더가 없었더라면, 루크 스카이워커는 그저 레이저 검으로 로봇이나 베면서 장난치는 곱상하게 생긴 청년일 뿐이다. 반목과 대립은 없다.

적대적인 힘과 대면할 때 비로소 당신의 진실한 이야기에 눈을 뜨게 된다. 이것은 아무리 강조해도 지나치지 않다.

이야기가 지루하면 TV를 끄거나 책을 덮는다. 지루한 사람의 말에는 흥미를 잃는다. 당신의 이야기가 지루하면 당신은 자신에게서 흥미를 잃게 되고, 심지어 스스로를 닫아 버릴 수도 있다. 그러면 다음 순간, 지하철에 앉아, 여행 계획을 짜고 있는 사람들의 이야기를 무기력하게 듣고 있는 자신을 발견할지 모른다.

> **66** 우리가 하늘 문에 이르면, 하나님께서는
> 우리의 훈장이 아닌 상처를 살피신다. **99**
>
> 작자 미상

2 당신의 이야기를 찾기 위한 사례 연구: 〈아메리칸 뷰티〉

> **66** 죽음은 미래로부터 우리를 향해 일초, 일초
> 시간을 마감하며 달려오는 화물열차와 같다.
> 우리가 조금이라도 만족스럽게 살고자 한다면,
> 열차가 도착하기 전에 삶의 적대적인 힘과 맞서 싸워야 한다. **99**
>
> 로버트 맥키[*]

*로버트 맥키|Robert McKee: '스토리 세미나'로 유명한 미국의 작가이자 교수

우리 중 얼마나 많은 사람이 〈아메리칸 뷰티〉의 도입 부분에 나오는 레스터 번햄처럼 느끼는지 궁금하다. 그는 서류가방 안에 갇혀 무기력하게 산다. 다채로운 색이 아닌 단색의 삶을 산다.

〈아메리칸 뷰티〉는 레스터가 삶의 경이로움을 재발견하는 이야기이다. 몇 달 동안 그는 삶이 감내해야 하는 것이 아니라 즐기며 음미하는 것임을 재발견한다. 사건과 선택으로 인해 생긴 위험 요소가 그의 삶을 축소시키는 것이 아니라 향상시켰다.

레스터는 방향을 잃은 사람이었다. 여기 레스터가 하루를 시작하는 장면이 있다. 그의 목소리가 화면과 함께 흐른다.

(냉소적으로) 샤워하면서 자위하는 나를 보라. …… 지금이 나의 하루 중에서 제일 기분 좋은 순간일 것이다. 이 순간 이후로는 내리막이다.

애처로운 광경이다. 이 영화를 보는 모든 이가 동의한다. 레스터는 불쌍하다.

레스터는 그의 이야기를 잃었고, 그의 진실을 잃었으며, 그 때문에 가장 가까이에 있는 두 사람, 아내 캐롤린과 딸 제인에게 경멸의 대상이 된다. 집안에서 그는 생명력 없는 존재로 남은 지 오래다. 오직 관객만이 앞으로 벌어질 일에 대한 그의 신랄한 해석을 공유할 수 있다.

나는 뭔가를 잃어버렸다. 그게 뭔지 확실히는 모르지만, 항상 이렇게 …… 무기력하게 느껴지진 않았다. 하지만 이런 말이 있지 않나? 돌아가기에 너무 늦은 건 없다고.

영화 절반쯤부터 그의 애처로운 삶에 유일하게 괜찮은 부분이 나온다. 의무와 관습의 중압감이 밀려오기 전인, 햄버거를 뒤집고 여자애를 뒤쫓고 스포츠카를 몰던 때이다. 그가 남자로 느껴지던 순간이다.

　삶에 있어 한 가지 확실한 것, 바로 죽음이 영화의 도입부에 자리한 것이 이 영화의 구성을 눈부시게 한다. 첫 장면에서 레스터의 딸은 반농담조로 누군가에게 아버지를 죽여 달라고 한다. 두 번째 장면에서는 레스터를 소개하며 그가 곧 죽으리라는 사실을 알려 준다.

카메라, 미국 교외를 날아 가로수가 늘어선 거리로 천천히 내려간다.

레스터(목소리)
내 이름은 레스터 번햄이다. 이곳이 내가 사는 동네이다. 이것이 …… 내 인생이다. 나는 마흔두 살이다. 일 년도 안 돼 나는 죽을 것이다.

물론 아직 확실히는 모르지만.

레스터, 돌아누워 정면을 응시하고 한숨을 쉰다. 새로운 하루를 시작한다는 것이 그에게는 그리 신이 나 보이지 않는다.

레스터(목소리)
(계속해서) 어떤 면에서, 나는 이미 죽었다.

인생에 대한 기본적인 질문을 솜씨 있게 꺼낸다.

1 인생에 있어 유일하게 확실한 것은 죽음이다.

2 죽음이 언제 찾아올지는 아무도 모른다.

3 이런 점을 고려해 볼 때, 당신은 어떻게 살아갈 것인가?

영화는 곧 죽음이 찾아올 거라고 말한다. 그러면 레스터는 어떻게 살아갈 것인가? 관객은 빠져든다.

레스터의 삶은 바로 전에 우리가 이야기한 전브이다. 그의 지루한 인생은 그와 주위 사람들을 지루하게 한다. 그는 자기 자신에게 물려 있다.

차츰 사건이 발생한다. 일련의 사건이 동시에 일어나 레스터를 변화시킨다. 그는 몇 가지 선택에 직면한다. 이러한 선택을 하면서 그는 살아 있다는 것이 어떤 느낌인지 되찾는다.

이 사건들을 살펴보자. 약속하건대, 이 모든 게 당신의 삶과 대비된다.

일어난 사건	레스터가 으레 하던 반응	지금의 레스터의 반응
그를 정리 해고하려는 의도로 얄팍하게 위장한 제안인, 직무분석표를 써내라는 요청을 받는다.	한 번 더 기회를 줄 것을 간청하고, 직무분석표를 순순히 써 낸다.	내부정보(고위 간부의 경비 남용)를 이용해 1년 치 연봉과 퇴직금을 협상한다. 그리고는 햄버거 가게에 취직한다.
굉장히 아름답고 매력적인 딸의 친구를 만난다.	샤워하면서 자위한다.	그녀를 은근히 뒤쫓고, 추파를 던지고, 관심을 끌려고 운동을 시작한다.
저녁 술자리 모임에서 그의 아내가 사업상 만난 남자와 시시덕거린다.	술에 취한다.	밖에 나가 웨이터와 대마초를 피운다. 웨이터는 그의 이웃으로 밝혀지고, 그는 편리한 대마초 공급책이 된다.

당신이 레스터의 행동에 대해 어떻게 느끼든, 그 행위는 모두 참된 그의 진실을 추구하고 있다. 그가 오래 전에 잃어버렸다고 느끼는 삶의 생명력과 경이로움을 재발견하고자 하는 것이다. 결국 인생은 짜릿한 맛을 간직하고 있었고, 그 느낌은 그가 피우는 환각제를 모두 합한 것보다 더 마음을 고양시킨다.

영화의 나머지 부분에서 위험은 점점 더해 간다. 레스터는 계속해서 선택해 가고, 삶의 당위성에 대한 기대를 수정해 가며 점차 기대치를 높여 간다. 이런 상황은 영화 끝까지 계속되고, 결국 우리의 상상을 뛰어넘는 마지막 장면, 그의 죽음에 이른다. 그리고 아이러니하게도 레스터는 이웃에 사는 남자, 자신의 모든 성욕, 격정, 그리고 수치

심으로 억눌려 있는 남자에게 살해당한다. 자신이 갈망하던 것을 성취한 누군가를 죽임으로써 그는 억누르던 것을 해소할 수 있었다.

레스터가 나오는 마지막 장면은 부엌 식탁에 앉아 있는 그가 경이로움으로 거의 빛나고 있는 얼굴을 한 모습이다. 그는 죽기 바로 직전에 깨어난 것이다.

다음은 영화의 마지막 대사이다.

레스터(목소리)

나에게 일어난 일들에 대해 분노할 수도 있었을 것이다. ……하지만 세상에는 아름다운 것이 너무도 많은데 화만 내고 있을 수는 없다. 때로 나는 이 모든 아름다움을 한꺼번에 보는 듯해 감당하기 힘들다. 나의 가슴은 터지기 직전의 풍선처럼 가득 찬다. ……

…… 그러고 나서 나는 긴장을 풀고, 움켜쥐고 있던 것을 놓아보려 한다. 그러면 그것은 비처럼 내 몸을 타고 흐르고, 나는 내 어리석고 하찮은 인생의 매 순간에 감사할 수밖에 없다. …… (즐거운 듯) 내가 무슨 말을 하는지 분명 이해할 수 없을 것이다. 그렇지만 걱정하지 마라 ……

화면이 어두워진다.

레스터(목소리)

(계속해서) 언젠가는 이해할 것이다.

> **❝** 이야기는 우리에게 무언가를 말하려 한다.
> 사건이 발생했을 때, 뜻하지 않은 일이 일어났을 때,
> 어떻게 해야 하는지 말하려 한다. **❞**

이 장에서 다룬 당신의 이야기를 찾아가는 길을 살펴보자.

1 이야기는 변화에도 불구하고 지속되는 것에 대해 말한다. 이야기는 우리가 지켜갈 만한 신념과 가치에 대해 말한다. 레스터의 경우, 이건 생명력과 경이로움이다.

2 우리 대부분은 우리 자신의 이야기를 모르고 있다. 우리는 다른 사람의 드라마에서 보조출연자 역할을 하고 있다. 이것이 서류가방 안에 갇혀 사는 세상이다.

3 당신이 자신의 이야기에 눈을 뜨지 않으면 당신의 삶과 당신 자신에게 흥미를 잃고 말 것이다. 레스터가 한 말을 기억하라. "어떤 면에서, 나는 이미 죽었다."

4 이야기는 갈등과 대립과 함께 다채로워진다. 당신이 하는 선택, 압박감을 느낄 때 당신이 취하는 행동에서 당신이 옹호하는 것

이 드러난다.

5 이렇게 되면, 당신은 주인공이 된다. 당신은 자신의 이기심보다 더 크고 더 나은 무언가를 지지하고 있다. 거울에 자신을 비춰보면 당신 어깨에 매달려 있는 배낭이 보일 것이다.

이제 여행을 위해 짐을 싸자.

당신이 주인공이면서 작가이기도 한 당신의 이야기,

살아가면서 계속 고쳐 써야 하는 당신의 이야기를 위해

당신의 인생을 돌아보고,

이야기의 구성 요소에 맞춰 당신의 이야기를 종합해 본다.

Chapter 08

당신의 이야기

> 66 왜 우리는 내면으로부터
> 모든 것을 다 끄집어내서 써야만 하는가?
> 그렇게 해서 얻는 것은 무엇인가?
> 그렇게 하지 않으면 어떤 희생이 뒤따르는가?
> 진실한 감정의 확실한 원천은
> 오직 당신 자신뿐이다. 99

로버트 맥키

1 구성 요소

　모든 이야기는 약속을 담고 있다. 이야기가 표현될 때 그 약속은 시험대에 오를 것이다. 어젯밤에 TV에서 본 인물들을 생각해 보라. 주인공을 비롯한 모든 등장인물이 당신과 시청자들에게 한 약속은, 그들이 진실을 추구하겠다는 것이다.

　이야기는 그릇이다. 이야기는 의미를 창조해내기 위한 기본적인 형식이다. 내 책상 위에 있는 컵이 커피를 담고 있듯, 이야기도 의미를 담고 있다. 이야기는 우리가 이해하기 힘든 우리 자신과 세상을 이해할 수 있게 도와주는 역할을 한다.

　이야기의 한 가지 중요한 기능은 우리가 시간의 흐름을 이해할 수 있게 하는 작용이다. 시간 흐름에 대한 지각은 이야기 형식에 의해 형성된다. 어른과 아이 사이에 이루어지는 대화를 아무거나 들어 보라. 대화를 시작하는 처음이 있고, 서로 재잘거리며 목소리가 조금씩 커지는 중간이 있으며, 대화가 끝나는 마지막이 있다. 가장 빈번하게 일어나는 행위 중 하나인 기저귀 갈기를 보면 작은 서사극이 따로 없다. ("기저귀를 벗고, 닦은 다음에, 자 …… 여기 새 기저귀가 있네! 잘 고정하고, 다 됐다.")

수천 번의 이런 작은 이야기들을 통해 우리는 과거, 현재, 미래에 대한 감각이 생긴다. 이야기 형식은 우리 안에 내장되어 있다.

이야기의 또 다른 중요한 기능은 우리 자신의 삶을 이야기할 수 있게 하는 것이다. 당신이 하는 모든 이야기 중에서 당신에게 가장 결정적인 것은 바로 당신의 이야기이다.

어렸을 때 당신은 어른들이 하는 행동을 보고 들으면서, 갖가지 일화를 겪으면서, 사진이나 그림을 보면서, 남들이 하는 이야기를 귀 기울여 들으면서 배운다. 당신의 과거, 가족 안에서 당신의 위치, 당신의 성性, 가족이나 당신이 속한 집단이 가지고 있는 기본적인 신념 등에 대해서 배운다. 당신은 아마 이렇게 배운 것들을 종합해서 당신의 이야기를 만들어 갔을 것이다.

자라면서 당신은 자신이 가진 능력, 자신이 선호하는 것, 자신이 좋아하고 사랑하는 것, 자신이 두려워하는 것에 대한 느낌을 익힌다. 당신의 어린 머릿속에서 여러 가지 의미를 요리조리 조율하면서 세상에 대한 기본적인 신념 체계를 만든다.

당신보다 나이 많은 사람들과 함께 이야기하고, 책이나 영화, TV

등을 읽고, 보고, 들으며 자신의 미래를 여러 가지로 예상해 본다. 엄마나 아빠, 여자 친구나 애인, 축구 선수나 댄서, 친구나 악당 등 이런 서로 다른 생각을 추려내 시험해 본다. 5살짜리 내 딸의 현재 계획은 장차 소방관이 되고, 친구 캘럼과 결혼하는 것이다. 딸의 지금 생각이 옳은지는 아직 아무도 모른다.

당신이 성인의 세상에 발을 들여놓을 무렵에는 ― 18살이라고 하자 ― 당신 자신의 일과 관련된 이야기가 준비되어 있어야 한다. (물론 일과 관련된 이야기의 기본 바탕은 그보다 훨씬 오래전에 갖추어졌을 것이다.)

당신의 이야기가 모두 이어 맞춰지면 바깥세상의 평가를 받게 된다. 우리 성인들은 새롭고 익숙하지 않은 상황이 발생할 때마다 자신의 이야기를 테스트하고 조정하면서 삶의 대부분을 보낸다.

2 즐거움을 주지만 위험한 이야기

픽션이 즐거움을 주는 이유는 우리가 세상 속을 모험하고 남들과 함께 살아갈 수 있는 안정적인 토대를 마련해주기 때문이다. 이야기는 미래에 어떤 일이 일어날 것이라고 약속한다. 그런데 중요한 측면에서 사실상 이야기가 틀렸음이 밝혀지면 이야기는 위험해진다.

허구의 이야기 중에서 서양에서 가장 흔한 두 가지는 어린 소년, 소녀들을 위한 것이다. 첫 번째 이야기는 〈신데렐라〉로, 이 이야기에서는 예쁘고 말 잘 들으면 백마 탄 왕자님이 찾아와 사랑에 빠지고 영원히 행복하게 살 것이라고 아이들에게 약속한다. (이 이야기의 변형인 〈잠자는 숲속의 공주〉에서는 아이들에게 그저 예쁘고 참을성만 있으면 왕자님이 꼭 찾아올 것이라고 말한다. 그 와중에 잠도 잘 수 있으니 얼마나 좋은가?) 성공작이라 할 수 있는 영화 두 편 〈프리티 우먼〉과 〈브리짓 존스의 일기〉는 대단히 잘 쓰인 〈신데렐라〉의 최신판이다.

두 번째 이야기는 여러 가지 형태로 나타나는데, 약칭으로 '액션맨' 이야기라 부를 수 있겠다. 특별한 능력을 가진 성인 남자나 소년이 적을 무찌르고 권력과 명성 또는 사랑으로 보상받는다는 이야기이다. 순식간에 엄청난 성공을 거둔 〈해리포터〉가 수많은 액션맨(루크 스카이워커, 알라딘, 로빈 후드, 피터팬 등) 이야기 중에서 가장 최근의 예라 하겠다.

이런 이야기들은 유쾌하면서도 위험하다. 백마 탄 왕자님이나 보상으로 얻게 되는 권력이 환상에 불과하다는 사실을 성인이 된 우리가 몸소 체험하고도 오랫동안 사로잡혀 있을 만큼 이 이야기들은 강력하다. 이런 이야기들의 가장 위험한 점은 완벽한 미래를 약속한다는 것이다. 그런데 우리의 일상은 '삶은 불완전하며 미래는 알 수 없다'고 말한다.

당신의 이야기는 당신이 쓰고 또 쓰고, 계속해서 고쳐 쓰는 것이다. 마치 강물에 의해 강의 윤곽이 새겨지듯이 당신의 이야기는 당신의 마음에 새겨진다. 어려서 쓴 당신의 이야기는 허구일 뿐이고 당신이 예상하는 데로 이루어지지는 않는다. 그 비슷하게라도 …….

인간이 가지고 있는 괴롭지만 즐거운 기쁨 중 하나는 자신이 배우이면서 작가이기도 하다는 점이다. 우리는 대본에 적혀있는 지시 사항을 맹목적으로 따르는 개성 없는 배우 같은 존재도 아니지만 그렇다고 자기 마음대로 글을 쓸 수 있는 독립된 작가도 아니다.

어른들을 위한 이야기

어른이 된 당신은 당신의 이야기를 다시 쓸 수 있다. 사실 다시 써야만 한다. 그렇지 않으면 당신은 비눗방울처럼 금방 꺼지는 허상의 세계에 살고 있는 것이다. 당신에게 소중한 것을 포기하라는 말이 아니다. 그저 당신과 당신 주변 사람들이 완벽하지 않다는 사실을 인정하라는 말이다. 그리고 당신의 미래도 불완전하다는 점을 인정하라.

이 말을 하기가 너무 싫었다. 정말이다. 한편으로 나는 내 청소년기 공상대로 내 삶을 살고 싶다. 유명한 음악가(특별한 능력)로, 잘빠진 미인 여럿을 강가에 있는 내 펜트하우스로 끌어들이고(사랑), 수많은 친구와 팬을 내 음악과 말로 감동시키면서(명성/권력). 하지만 이런 일은 일어나지 않을 것이다.

> **❝** 있지, 내가 행복할 수 있는 유일한 세상은
> 내가 만들어낸 세상뿐이라는 생각이 때때로 들어. **❞**
>
> 알리 맥빌*

*알리 맥빌Ally McBeal: 보스톤에 위치한 법률사무소를 배경으로 한 동명의 미국 드라마 시리즈의 여 주인공

허구의 이야기가 만족감을 주는 이유는 약속을 지키기 때문이다. 이야기는 결말까지 일관된 세트로 되어 있어 듣는 사람이 완전한 느

낌을 받고 충족감을 느낀다. 해리는 악당을 무찌르고, 브리짓은 멋진 남자를 얻는다.

그러나 성인의 세상에 들어선 당신이 아직도 아이들 이야기에 메어 있다면 많이 힘들 것이다. 어른들의 이야기, 실제 세상의 이야기는 특이한 점이 있다. 대단원이 없다. 마지막 결론이 없다. 사실상 우리 인생은 우리가 중요한 역할을 맡고 있는 갈등과 갈등 해소의 연속이다. 그래서 우리 인생은 서사극이라기보다는 TV 드라마와 같다. 신데렐라라기보다는 알리 맥빌에 더 가깝다.

우리가 살아가면서 겪는 사건들은 우연하고 불규칙하게 일어나지만 그것에는 주제가 있다. 만약 주제가 없다면 그것을 지배하는 아이디어도 없을 것이고, 이런 인생은 그저 단순한 사고로 밖에는 보이지 않을 것이다.

당신의 삶에서 이런 주제를 찾아내는 것이 작가로서의 당신이 할 일이다. 우리 함께 찾아보자.

3 당신의 이야기 쓰기

당신이 만약 장기간 방영되고 있는 TV 드라마 시리즈의 새로운 작가라면, 당신이 앞으로 집필하게 될 등장인물의 지금까지의 '배경 이야기'를 가장 먼저 살펴보아야 한다. 그것은 아마 모두 기록되어 있을 것이다. 그들의 부모는 누구이며, 그들의 문제는 무엇이며, 어떤 일을 겪었고, 기뻤던 일은 무엇인지 ……. 그들의 살아온 길을 알아야 한다.

배경 이야기는 당신이 당신 이야기의 다음 부분에 착수하면서 뒤돌아보는 그때까지 있었던 이야기이다. 당신 이야기의 저자로서 당신은 자신에 대한 배경 이야기를 알아야만 한다.

먼저, 성인의 문턱에 서 있는 자신과 만나보자. 의자에 앉아 있는 지금의 당신을 상상해 보라. 그 맞은편에는 빈 의자가 있다. 누군가 들어와서 그 의자에 앉는다. 18살의 당신이다.

무엇이 보이는가? 18살의 당신은 몸짓이나 표정으로 무엇을 말하고 있는가?

　18살의 당신은 다음 질문에 어떻게 대답할까? 그 대답을 여기에 적어 보라.

당신이 누구인지 말해 보세요.

지금 기분이 어때요?

자라면서 무엇이 중요하다고 배웠나요?

계획이 있다면 말해 보세요.

취미나 좋아하는 일이 있나요?

당신이 좋아하는 혹은 사랑하는 사람이 있다면 말해 보세요. 이유도
함께 말해 주세요.

당신이 두려워하는 일이나 두려워하는 사람이 있나요? 있다면 그 이
유는 무엇인가요?

당신의 미래가 어떨 것 같나요?

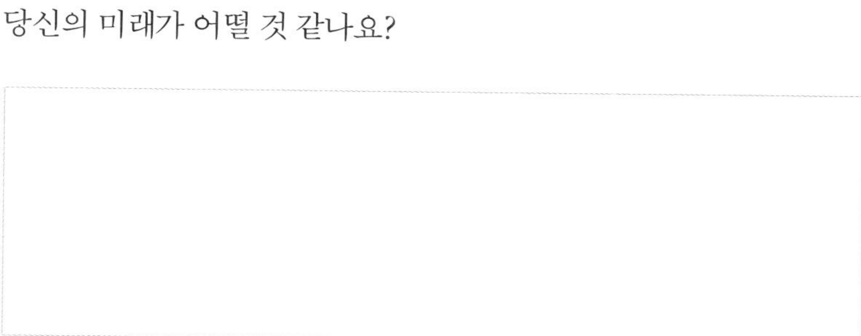

　이것을 가지고 18살의 당신이 성인으로 들어서며 가지고 있었던 이야기를 살펴보자. 우리는 시나리오 작가들이 이야기를 창작할 때 사용하는 기본적인 요소인 주제, 인물의 성격, 갈등에 대해 살펴볼 것이다.

주제

　'주제'는 이야기 뒤에 숨겨진 기본적인 동인動因을 뜻한다. 이야기가 품고 있는 의미를 한 문장으로 요약한 것이라고도 하겠다. 당신의 이야기는 이상적이거나 비관적이거나 아이러니하거나 이 셋 중 하나이다. 신데렐라와 액션맨은 이상적인 가치관을 기초로 한다. 많은 시련을 겪은 영웅은 보상을 받거나 무언가를 되찾는다. (주제 — 사랑이 승리하고 정의가 바로 설 것이다.)

똑같이 주제가 비관적일 수 있다. (주제 — 삶은 공허하고 열정이 당신을 짓밟을 것이다.) 이런 이야기가 바탕이 된 영화는, 인간에 대한 연민을 창조해 낼 수 있는 거장의 손에 의해 만들어지지 않는다면, 흥행하기 어렵다.

이 두 주제 사이 어딘가에 아이러니한 주제가 있다. 이 역설적인 주제는 긍정적이기도 하고 부정적이기도 한 아이디어를 담고 있다. 이상적이거나 비극적, 어느 한 쪽이라기보다 두 목소리를 모두 내고 있다. 당신의 열정이 당신을 망가뜨릴 수 있지만 제때에 깨닫기만 하면 벗어날 수 있다는 구원의 목소리일 수도 있고, 집착으로 말미암아 보상을 받지만 그로 인해 벌 받을 수도 있다는 식의 응징을 담고 있을 수도 있다.

주제에는 당신이 적극적으로 추구하는 가치가 담겨 있다. 당신이 적극적으로 추구하는 가치란 당신이 살아가는 데 진실하고 도움이 되는 어떤 것을 말한다.

18살 때 당신 이야기의 주제는 무엇이었나? 인생이 품고 있던 약속은 무엇이었나?

이것에 대해 가능한 한 명확히 밝히는 것이 중요하다. 만약 어떤 것을 고쳐 다시 쓰려 한다면 원본이 필요하기 때문이다. 여기 몇 가지 다른 사람의 이야기 주제가 있다.

개인적인 주제	일반적인 관점
나는 사람들로부터 적법성을 인정받고 높은 평가를 받을 것이다. 적극적으로 추구하는 가치 – 성공	이상적
나는 하늘 높이 비상하려 하지만, 내 야망의 날개는 꺾일지 모른다. 적극적으로 추구하는 가치 – 성공	역설적
이상형이 찾아와 나를 행복하게 할 것이다. 적극적으로 추구하는 가치 – 사랑받을 권리	이상적
나는 사랑받을 자격이 없다. 적극적으로 추구하는 가치 – 자기 부정/냉소	비관적
나는 언제나 사랑을 망치는 쪽이지만 언젠가는 꼭 이룰 것이다. 적극적으로 추구하는 가치 – 대담한 시도	역설적
내가 원하는 것은 뭐든지 자유롭게 할 수 있을 것이다. 적극적으로 추구하는 가치 – 개인적인 자유	이상적/역설적

18살 때 당신 이야기의 주제를 여기 써 보라.

나의 개인적인 주제와 적극적으로 추구하는 가치	일반적인 관점

당신이 기억할 수 있을 만큼 오랫동안 이것을 추구해 왔음을 인지
하라.

인물의 성격

압박을 받는 상황에서 한 선택을 보면 그 인물의 성격이 드러난다.

당신의 지금 나이가 어떻게 되건, 이제 성인이 되어서 생각해 볼
때, 위에서 본 당신의 주제나 당신이 적극적으로 추구하는 가치를 견
고히 하기 위해 당신은 지금까지 무슨 일을 해 왔고, 지금 무엇을 하
고 있나? 이런 주제나 가치에 맞춰 살기 위해 어떤 선택을 해 왔나?

캐롤린 이야기

캐롤린은 시티 법률회사에서 일한다. 전문가답고, 똑똑하고,
재미있는 여성이다. 위 표에 예로 든 첫 번째 개인적인 주제의
주인공이다. '나는 업무상의 성취로 적법성을 인정받고 높은 평
가를 받을 것이다.' 그녀는 지금까지 계속해서 많은 선택을 해
왔다. 놀지 않고 공부했고, 훌륭한 성적으로 대학을 졸업했다.
엄청나게 오랜 시간 동안 열심히 일해 상급 파트너의 눈에도
들었다.

그녀는 사랑하는 배우자와 안정적인 가정을 가진 행운아지만,
서른에 다다르자 자신의 주제를 추구하는 것이 점점 더 힘들어
지고 있다고 느낀다. 그녀는 말한다. "마치 부자가 되기를 원하
는 것과 같은 상황이죠. 아무도 부자 그 자체가 되길 원하진 않
잖아요. 지금보다 더 부자가 되길 원하지." 그녀의 성공하고자
하는 욕구도 마찬가지다. 그녀는 언제쯤이나 인정받는다고 느낄
수 있을지 자문한다. 훨씬 더 큰 계약을 따내야? 아니면 연봉이
더 높은 곳으로 직장을 옮겨야?

우리가 등장인물을 보면서 흥미를 갖거나 감탄을 하는 것은, 그들
이 믿는 신념을 어느 정도까지 지켜내느냐에 달렸다. 아마 우리가 대
부분의 정치인을 경멸하는 이유가 여기에 있을 것이다.

기본 골자가 되는 원고

작가에게는 주인공에게 실제로 무슨 일이 일어나는지 윤곽만 잡은
개략적인 뼈대가 되는 원고가 필요하다. 18살 이후에 당신에게 일어
난 굵직한 일들을 적어보자.

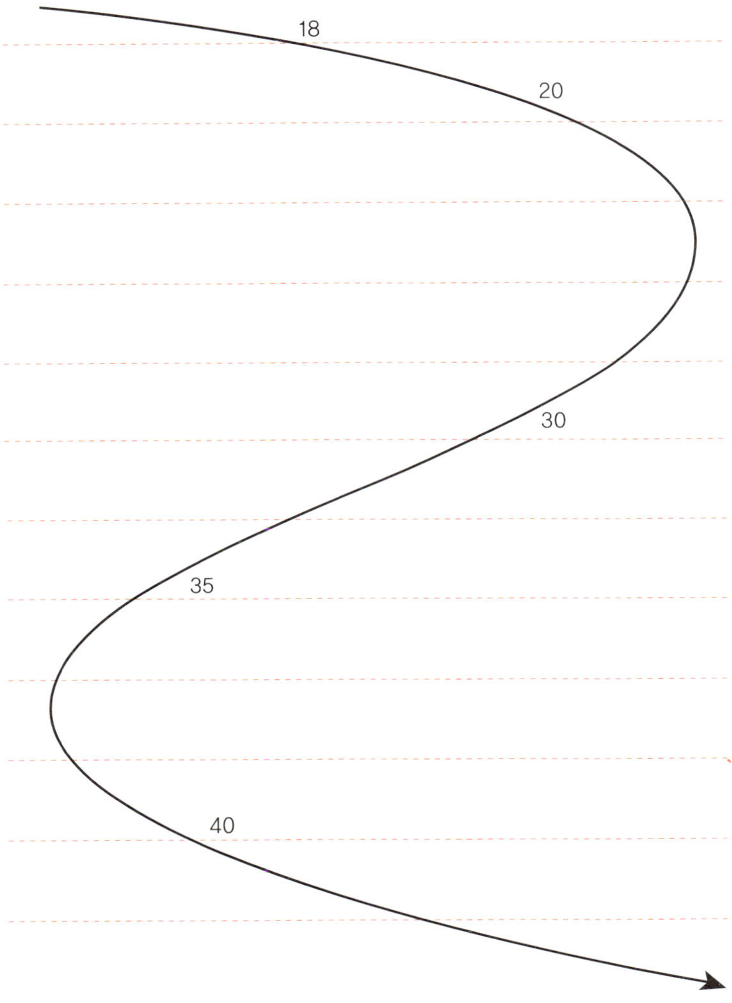
18
20
30
35
40

이 선이 당신의 인생이라고 상상해 보라. 이 선을 따라 있는 어떤 중요한 순간에 당신에게 어떤 일이 생기거나, 당신이 그런 사건의 원인이 된다. 당신의 성격과 당신 이야기에 단서가 될 만한 것들이 여기 있다. 당신의 인생에서 지속되어야만 한다고 믿는 것들을 위해 중요한 선택을 한 게 언제인가? 전혀 아무런 선택도 하지 않게 된 게 언제부터인가?

다음과 같은 상황들이 선택의 순간이었을 것이다.

- 어떤 인간관계나 우정을 계속해서 유지할 것인가, 말 것인가?
- 현재의 직장에 계속 다닐 것인가, 다른 직업을 찾을 것인가?
- 결혼을 할 것인가, 말 것인가?
- 아이를 가질 것인가, 말 것인가?
- 먼 곳으로의 이사, 혹은 다른 나라로 이민을 갈 것인가?
- 대학을 갈 것인가, 갈 거라면 어떤 대학을 갈 것인가?
- 정신적인 혹은 개인적인 발전을 위해 특별한 길을 걸을 것인가?

당신의 인생 라인을 모두 살펴본 다음, 시간을 갖고 삶의 굴곡을 성찰해보라. 그 맥락이 보이는가?

갈등

갈등은 많은 곳에서 발생할 수 있다. 당신의 마음속에서, 당신과 다른 사람 사이에서, 당신과 세상의 다른 부분(교회, 사회 체계, 환경 등) 사이에서 갈등은 발생한다.

여기서 흥미로운 점은 당신이 적극적으로 추구하는 가치로 인해 당신 내면에서, 또는 당신과 타인 간에 갈등이 일어난다는 사실이다. 앞에서 말했듯이, 갈등이 없다면, 당신이 어떤 적대적인 힘과 싸우지 않는다면, 이야기는 없다. 원동력은 없다. 당신이 마음속 울림에 주의를 기울이지 않는다면 당신 자신과 주위 사람 모두 당신에게서 관심을 접을 것이다.

인간으로서 우리는 근본적으로 게으르다. 우리는 우리가 치러야만 하는 것보다 더한 위험은 무릅쓰지 않으려는 경향이 있다. 우리가 필수적으로 해야 하는 것보다 더한 변화는 시도하지 않으려고 한다. 우리는 우리가 원하는 것에 반하는 힘과 싸워야 한다. 그렇게 함으로써 우리는 우리가 원하는 것을 충분히 깨달을 수 있다. 우리의 의지를 방해하는 힘이 있어야만 우리의 의지가 무엇인지 확실히 자각할 수 있다. 앞 장에서 레스터 번햄에게 무슨 일이 있었는지 보라. 그 자신과 가족, 상사와의 갈등 속에서만이 그는 생명력을, 스스로 살아있음을 되살릴 수 있었다.

다음 장에서는 이런 갈등이 에린 브로코비치에게 어떻게 작용하는지 살펴볼 것이다.

그 사이에 갈등이 당신에게는 어떻게 작용하는지 한번 살펴보자. 갈등의 층은 여러 겹이다. 당신이 하고 싶었던 일을 생각해 보고, 또 그 하고자 했던 일이 방해받았을 때를 생각해 보고, 무슨 일이 벌어졌는지 적어 보라.

사람들과의 갈등

이런 갈등은 주로 재미있는 볼거리를 제공한다. 아주 인간적인 모습을 보여주기 때문에 대부분의 영화가 여기에 주목한다. 우리 각자의 삶에는 헤아릴 수 없이 많은 갈등의 장면이 있으므로, 당신이 어떤 상황을 겪었는지 추측해보는 것이 나로선 쉽지 않다. 어떤 갈등은 우리가 앞에서 만들어 본 개략적인 골격에 있는 것이리라. 사람들이 자신의 인생을 바탕으로 한 영화를 만들 때 그 한 부분을 차지한다고 나에게 말해준 갈등의 장면 몇 가지를 아래에 적어 보았다.

이 각각의 장면은 모두 당사자와 주위 사람들 사이의 어떤 형태의 갈등을 특징적으로 보여주고 있다. 당신이 중요하게 분석해봐야 하는 것은 당신이 겪었을 수도 있는 이런 갈등의 장면이 왜 당신의 기억 속에 강하게 자리 잡고 있는가이다. 당신의 이야기에서 이런 갈등이 의미하는 것은 무엇이며, 또 이 갈등이 당신의 이야기에서 어떤 역할을 하는가? 위에서 우리가 확고히 한 적극적으로 추구하는 가치와 이 갈등은 어떤 관계가 있는가?

아래 갈등의 장면 중 어떤 것은 긍정적으로 남을 것이고, 어떤 것은 부정적으로 남을 것이다.

- 내가 어떤 직업을 가져야 하는지에 대해 아버지와 말다툼한 밤
- 엄마에게 나보다 여동생을 더 사랑하는 것 같다며 소리 지른 때
- 나와 내 가장 친한 친구가 운동장에서 우리 주위에 몰려와 "싸워라!"를 외치는 아이들 속에서 15분간 싸웠을 때
- 내 대학 시절 여자 친구가 날 버리고 다른 남자에게 갔을 때
- 애인이 죽고 날 버리고 먼저 간 그가 용서되지 않아 분노에 차 있을 때
- 부당한 대우 때문에 직장을 그만뒀을 때
- 데이트 신청을 해서 부끄러움을 극복했을 때
- 승진 대상에서 제외됐을 때
- 내가 바람피우는 것을 아내가 알게 되었을 때
- 사업을 시작했을 때 적당한 투자자를 찾기 전에 찾아간 네 개의 은행 모두 대출을 거부했을 때
- 나를 고용한 바로 그 상사가 나를 해고했을 때
- 럭비시합에서 더 실력 있고 더 비열하게 경기 하는 팀을 이긴 날
- 직원을 못살게 구는 상사에게 맞섰을 때

자신 내부에서 이는 갈등

당신 자신의 머릿속에서 서로 맞붙는 힘 사이의 갈등이 가장 치열한 전투인 경우가 많다. 〈쇼생크 탈출〉에서 레드가 가지고 있는 가장

주목할 만한 갈등은 그의 마음속에 있다. 그는 종신형 재소자로 교도소의 일부가 되었다. 처음에 그는 감옥이 정말 싫었지만 점점 익숙해진다. 결국 그는 교도소에 의존하게 된다. 그곳에서 그는 중요한 사람인 것이다. 바깥세상은 그에게 별 매력이 없고, 이렇게 느끼는 자신을 증오한다. 감옥이 그를 무기력하게 만들었다.

당신이 지금 자신이 주인공인 영화를 보고 있고, 둘로 나누어진 스크린 앞에 앉아 있다고 상상해 보라. 한쪽에서 연기가 펼쳐지면 당신 자신의 머리에서 벌어지는 대화가 다른 한쪽 스크린의 구석에 나타나 관객인 당신이 읽을 수 있게 되어 있다. 연기에 따라 대화가 어떻게 나타나는가? 중요하다고 여겨지는 어떤 장면을 예로 들어 보라. 연인이 된 사람과의 첫 데이트나 성공적이었던 면접과 같은 장면을 생각해 보라.

아마 가장 중요한 갈등은, 우리 내부에서 일어나는, 우리가 진실한 행동이라고 느끼는 것과 그것을 방해하는 것 사이의 갈등일 것이다.

힘에 부치는 상대와의 갈등

모든 사람의 이야기 어딘가에는 이기기 어려운 적수와의 만남이 있다. 이런 적수는 우리가 가장 두려워하는 것으로 우리가 적극적으로 추구하는 가치 때문에 반드시 만날 수밖에 없다. 전통적인 이야기에서 보면 이런 강적은 용이나 괴물의 형태로 나타난다. 그래서 멋지게 한바탕 싸우고 칼로 베어 죽이면 갈등은 해결되고 삶은 계속된다. 하지만 오늘날 이런 적수는 다른 형태로, 좀 더 실체가 없는 형태로 나타난다.

〈쇼생크 탈출〉에서 앤디 듀프레인은, 그가 적극적으로 추구하는 가치가 희망이기 때문에, 교도관이나 교도소장으로 구체화한 절망과 만난다. 영화에서 가장 절망적인 부분은, 앤디에게 돈세탁을 의지하고 있는 부패한 교도소장이, 듀프레인이 혐의를 벗고 석방될 수 있는 새로운 증거를 다른 죄수에게서 발견하고도 묵살하는 부분이다. 그 동료 죄수는 감옥에서 총에 맞아 죽고, 듀프레인은 한 달 동안 독방에 감금되어 그 사실을 곱씹는다.

〈아메리칸 뷰티〉에서 레스터의 이기기 힘든 적수는 끝내 그를 죽이고 마는 그의 이웃이다. 레스터가 적극적으로 추구하는 가치는 삶의 경이로움, 모든 삶의 풍부한 맛을 즐기는 것이다. 폭발할 듯한 성적인 분노를 쌓아두고, 엄격하고 뒤틀린 삶을 살아가는 그의 이웃은 레스터와 정반대이다.

비즈니스의 세계나 조직에서 우리는 이런 적수를 상사나 동료, 경쟁자의 형태로 접한다. 당신은 두려움을 느끼기 때문에 그들이 적수라는 것을 안다. 그들이 어떤 행위를 하면 당신은 그 결과를 두려워한다. 당신은 결국 그들에게 감정적으로 퍼붓게 되고, 솔직히 그런 행동의 대부분은 타당성이 없다. 하지만 불가피한 면이 없지 않다.

당신이 당신의 이야기 속에서 살아가려면, 자신을 스스로 깨달으려면, 적극적으로 추구하는 가치를 인식하려면, 당신 자신의 힘에 부치는 적수를 대면해야 한다. 여기 관련된 이야기가 있다.

마이크 이야기

마이크는 한 컴퓨터 서비스 회사에서 13년 동안 근무했고, 국내 영업 관리 책임자 자리에까지 올랐다. 그는 영업부서에 있으면서 직원들이 주도적으로 일할 수 있게 격려할 수 있는 일이라면 무엇이든 했다. 그는 직원들과 그들의 능력을 열정적으로 믿었다.

마이크가 책임자로 있은 지 1년이 지나자, 유럽 지구 회사들에 변화가 생겼고, 영국에 기반을 둔 새로운 사업본부장이 그의 옛 상사를 대신해 새로 왔다. 두 가치관이 부딪치게 되었다. 마이크는 기업가정신을 중시했고, 그의 새 상사는 통제를 중시했다. 협상 권한, 비용, 충원에 있어 마이크에게 더 많은 제약이 가해졌다. 결국 낮은 수준에 머물러 있던 갈등이 중역실에서 공개적으로 폭발했다.

"내가 내 일을 할 수 있게 뒤로 좀 물러서지 그래요?!"
"당신 일을 하라고 하는 소리요. 다만 다른 방식으로 하란 말이오."
"당신의 방식이겠죠!"
"그렇게 말하고자 한다면, 그렇소."

마이크는 곧 회사를 나왔고, 훨씬 작은 조직에 들어갔다. 그는 규모가 큰 회사에서 일하던 것이 그립지만, 시간적인 여유를 충분히 즐길 수 있는 지금도 만족스럽다.

이 이야기에 있는 갈등 중 어느 쪽이 옳고 어느 쪽이 그른지 나는 잘 모르겠다. 기업가정신은 적극적으로 추구하는 가치로서 통제보다 더 못하지도 더 낫지도 않다. 하지만 이 둘은 확실하게 인식되기 위해 서로 대면해야만 했다. 마이크는 그를 위해서, 또 주위에 있는 사람들을 위해서 지금 더 좋은 곳에 있다. 그는 아침마다 거울을 들여다보며 많은 전 직장 동료보다 자신이 더 나은 위치에 있다고 생각한

다. 한 통신 회사의 상급 관리자가 하는 말을 들어 보자.

"이 회사에 근무하면서 가장 큰 스트레스의 원인 중 하나는, 시장 상황이 급격히 악화되고, 모든 계획도 함께 안 좋아져도, 자신감 있는 분위기를 유지해야 하는 것이죠. 미래에 대한 두려움, 개인적인 보장, 직원들에 대한 책임감 등 우리가 꼭 논의해야만 하는 것들이 어찌 된 일인지 논의할 수 없는 게 돼 버렸어요. 정말 기이하죠. 우리는 우리 사업이 파국을 맞을지도 모른다는 최악의 두려움과 마주하고 있어요. 하나의 팀이 아니라, 한 무리의 개개인들이 각자 이 두려움과 직면하고 있죠."

> **66** 사실상 우리 인생은 우리가 중요한 역할을 맡고 있는
> 갈등과 갈등 해소의 연속이다. **99**

4 당신의 이야기 종합하기

이 장에서 다룬 것을 돌아보며 아래 빈칸을 채워보라.

나의 주제

내가 적극적으로 추구하는 가치

나의 성격

나의 갈등

▶ 당신의 이야기를 종합하여 다시 쓸 수 있는 공간이 p.178에 마련되어 있습니다.

생명력을 주는 에너지와 이를 막아서는 두려움,

당신의 일상에서 에너지와 두려움을 만나보고,

에너지와 두려움 사이에서 오는 갈등으로 인한 긴장감을

어떻게 생산적으로 이용할 것인지 알아본다.

Chapter 09

에너지와 두려움

"대체 이 사람이 언제 일에 대한 이야기를 다시 시작하려나?" 하고
속으로 묻고 있는 독자도 있을 것이다.

비즈니스 관련 스토리텔링이 에너지와 두려움에 관한 모든 것이라
고 생각하지 않는다면, 당신은 정말로 비즈니스에 몸담고 있다고 할
수 없다. 인내심을 가지고 계속해서 읽어 보라.

앞 장에서 우리는 갈등이 우리 인생에서 얼마나 중요한지 다뤘다.
우리가 우리의 의지를 정확히 알기 위해서는 그 의지를 막아서는 힘

이 필요하다. 레스터 번햄에게는 오직 갈등만이 — 자기 자신과 가족
과 상사와의 갈등만이 — 스스로 기분 좋고 행복하게 느껴지는 것을
다시 불러일으키게 했다.

　우리에게 생명력을 주는 우리 자신의 진실을 깨달을 때는 이러한
대립의 힘과 싸울 때이다.

　우리 모두의 가슴속 가장 중심에는 에너지가 있다. 사실이다. 그것
은 당신에게 '생명력을 주는, 없어서는 안 되는, 필수적인 것'이다.
무슨 말인지 분명하게 이해되지 않을 수 있다. 특히 당신이 인생의
많은 시간 동안 그 에너지와 에너지의 영향력을 멀리하면서 살아왔
다면 그럴 수 있다. 또는 살아가면서 끊임없이 발생하는 모든 일상의
용무에 치여 에너지의 목소리에 귀 기울일 여유나 기회가 없었을 수
있다.

　이야기할 가치가 있는 어떤 이야기든, 이야기할 가치가 있는 어떤
인생이든, 모두 이 에너지와 두려움 사이에 일어나는 갈등을 바탕으
로 한다.

1 갈등 해결의 열쇠

여성이 가지고 있는 에너지를 현대적으로 구현한 전형 중 하나가 〈에린 브로코비치〉에서의 줄리아 로버츠이다. '인생은 지긋지긋한 일의 연속'이라는 문구가 그녀에게만큼 잘 들어맞는 사람이 없을 것이다. 다음은 결과적으로 그녀의 연인이 되는 조지를 그녀가 처음 만났을 때의 대화이다.

에린

내 번호가 알고 싶다고요?

조지

그래요.

에린

어떤 번호를 알고 싶죠, 조지?

조지

번호가 하나 말고 더 있어요?

에린

당근이죠. 몇 가지 번호가 막 튀어나오려고 하는군요. 예를 들어, 10?

조 지

10?

에린

네. 내 많은 번호 중 하나죠. 내 어린 딸의 나이죠, 10개월.

조 지

어린 딸이 있어요?

에린

물론이죠. 참 섹시하죠, 네? 그리고 여기 또 있어요. 5. 내 큰 딸 나이죠. 7은 내 아들 나이고, 2는 내가 결혼하고 이혼한 숫자죠. 이걸 다 기억하겠어요? 16은 내 통장에 몇 달러 남았는지 말해주는 숫자죠. 454-3943이 내 전화번호죠. 그리고 당신에게 알려준 모든 번호 가운데 내가 짐작하기에 당신이 나에게 전화할 경우의 수는 0이겠죠.

그녀가 뒤돌아서 안으로 들어간다.

에린에게는 갈등이 문제가 되지 않는다. 사실 그녀는 갈등을 하나의 예술 형식으로 바꿔 놓았다. 그녀에게 삶은 투쟁이다. 일자리를 얻기 위한 투쟁, 세 아이를 먹이고 입히기 위해 돈을 벌기 위한 투쟁, 자존심을 위한 투쟁, 그리고 이 모든 것들 어딘가에 있을, 우리 모두가 얻으려고 애쓰는 사랑과 다정함을 위한 투쟁이다.

이야기로서 이 영화가 가지고 있는 강점 중 하나는, 우리 자신이 누구인지 깨달으려고 하는 몸부림을 포착해냈다는 점이다. 우리 개개인과 같이 에린도 두 단계의 갈등을 직시하고 그에 맞선다. 첫 번째는 외적인 악마와의 갈등이다. 캘리포니아에 있는 한 마을을 오염시킨 기업과 권력 기구와의 갈등이다. 두 번째는 내적인 악마와의 갈등이다. 이 마을에서 피해를 당한 가족들을 위해 에린이 정의를 추구하는 것은, 그녀 자신의 상처 입은 가족과 그녀의 자의식에 대한 정의를 추구하는 것과 같다. 외적으로 잘못된 것을 바로잡으며 그녀는 스스로 치유해가고 있다.

이와 유사한 것을 〈양들의 침묵〉에서 볼 수 있다. FBI 요원인 클레리스 스털링은 연쇄 살인범인 버펄로 빌을 수사하면서, 감옥에 갇힌 한니발 렉터와 위험한 계약을 한다. 렉터는 스털링이 살인범을 찾는 것을 도와주는 대신, 그녀의 과거에 접근하는 것을 일부 계약 조건으로 삼는다. 이 영화에서 볼 수 있는 구성의 탁월함은, 스털링이 살인자를 찾는 중심 줄거리를 쫓는 동안, 렉터가 우리를 대신해 그녀의 무의식을 쫓는 데 있다.

스털링은 어린 시절 겪었던 한 사건에 사로잡혀 있다. 아버지가 죽은 뒤 농장이 있는 친척집에 가서 살게 된 스털링은, 어느 날 아침 도

살장에 끌려가는 양들의 비명을 듣고 잠에서 깬다. 그녀는 그 중 한 마리를 구해보려 하지만 실패한다. 그녀는 아직도 한밤중에 양들의 비명을 듣고 잠에서 깬다. 렉터가 보상받는 최고의 순간은 다음을 발견했을 때이다.

렉터

네가 이 소녀를 찾아내면, 그 양들이 지르는 비명을 멈출 수 있다고 생각하는 거지, 그렇지, 클레리스?

이야기를 훌륭하게 만드는 것 중 하나는 스크린 위에 펼쳐지는 행위와 그 행위를 하는 사람의 마음속 의심(두려움) 사이의 상호 작용이다. 만약 선택해야 할 문제나 직면해야 할 딜레마가 없다면, 이야기는 어떤 긴장감이 부족해진다. 그리고 우리들의 삶도 이와 유사하다. 우리는 우리의 에너지와 두려움 사이에 일어나는 팽팽한 긴장감과 끊임없이 마주한다.

어떤 영화나 책이 당신에게는 아주 강하게 작용하는 반면, 왜 다른 누군가에게는 전혀 아무런 영향을 미치지 못하는지 궁금했던 적이 있나? 그건 아마도 당신이 성취하고자하는 것과 그것을 막아서는 장애물 사이의 갈등을 풀 수 있는 실마리가 그 영화나 책에 들어있기 때문일 게다.

때로는 이런 구분이 분명할 때가 있다. 〈브리짓 존스의 일기〉는 자신의 이상형이 어디서 불쑥 나타날지 궁금해하는 모든 여성을 위한 이야기이다. 이런 구분이 분명하지 않은 때도 있다. 특히 이야기가 더 어둡고 명확한 답변을 주지 않는 구조일 때 그렇다. 마이크 리Mike Leigh 감독의 영화 〈비밀과 거짓말Secrets & Lies〉은 만족스럽지 못한 인생을 살고 있는 한 무리의 사람들 이야기인데, 입양된 한 젊은 여성이 생모를 찾으려고 시도하면서 그들의 삶은 더 불행해진다. 영화는 낙관적인 결말을 제시하지만, 관객들의 가슴 속에는 삶의 모든 범위에서 우리 자신을 부정한 결과, 얼마나 정교하게 우리를 불행에 묶어 놓고 있었는지에 대한 울림이 남는다.

우리의 생명력이나 진실을 막아서는 장애물이 너무도 크게 다가와, 그것과 맞서지 않는 것에 만족하며 살 수도 있다. 하지만 회피는 맞서는 것보다 더 큰 고통을 불러일으킬 것이므로 만족감이란 있을 수 없다.

2 뭔가 중요한 사람이 되려 했는데

에린에게로 돌아가 보자.

에린

나에게 무슨 일이 일어났는지 정말 모르겠어요 …… 내 말은, 내가 미스 위치타였다고요, 믿겨 져요? 당신이 실제로 살아 있는 미인 대회 우승자 옆집에 살고 있는지 알았어요? (콧물을 닦으며) 난 아직도 왕관을 가지고 있어요. 나는 그게 내가 내 인생에서 뭔가 중요한 일을 할 거라는, 뭔가 중요한 사람이 될 거라는 의미인 줄 알았어요.

에린의 이야기는 고통받고 있거나 머리 위로 하늘이 무너져 내리고 있다고 느끼는 모든 사람을 위한 이야기이다. 그들이 내린 선택이나 그들에게 부과된 선택의 짐을 짊어지고 가야 하는 사람들을 위한 이야기이다.

3 영화를 보며 우리가 배우는 것

〈아메리칸 뷰티〉는 주인공의 역할에 대해 우리에게 가르쳐준다. 당신의 생명력과 진실을 발견하고 그것을 맘껏 발휘하라고 한다.

<에린 브로코비치>는 어떻게 외적인 갈등이 자주 내적인 갈등과 병행할 수 있는지 보여준다. 우리는 용을 진압하려고 우리 내부로 쫓아 들어간다. 이야기가 감동을 주는 이유는, 우리의 투지와 그걸 막아서는 악마에 대한 미스터리에 우리가 접근할 수 있게 해주고, 그 둘이 어떻게 대면하는지 경험담을 제공하기 때문이다.

이 책은 당신 내면에 있는 악마를 쓰러뜨리는 방법에 관한 것이 아니다. 당신이 당신과 연결된 이야기들을 찾아, 그 안에서 문제를 풀 수 있는 단서와 힘을 얻을 수 있게 용기를 북돋우려는 것이다.

다음은 위에서 언급한 영화를 본 관객들이 나에게 보낸 이메일이나 그들과 실제 대화한 내용을 발췌한 것이다. 그들은 모두 서로 다른 관점에서 에너지와 두려움 사이의 싸움에 대해 이야기하고 있다. 그리고 그들의 삶 속에 그와 유사한 것이 어떤 식으로 존재하는지를 이야기한다.

"에린은 우리 모두 할 수 있었으면 하고 바라는 일을 해내는 능력이 있어요. 불안감은 던져버리고 세상 사람들이 자신의 말을 듣게 하죠. 내가 만약 에린과 같은 처지에 놓이게 된다면 나는 아마 어떻게 해서든 회피하려고만 들 거예요. 영화에서 내가 가장 마음에 들었던 부분은 에린이 법률회사에서 일을 시작하는 장면이죠. 보셨잖아요. 하루아침에 나타나서, 지원서도 인터뷰도 그 어떤 것도 없이, 근무 첫날이 반쯤 지나서야 그녀의 근무 조건을 협상하잖아요."

"내 생각에 우리는 에린의 강하면서도 여린 면 때문에 그녀를 우리와 동일시하는 것 같아요. 우리는 에린이 언제라도 무너질 수 있다는 것을 알고, 그래서 그녀에게서 더 눈을 뗄 수 없는 것 같아요. 나에게 정말 큰 부담이 되는 어떤 일을 시작할 때, 나는 금방이라도 무너질 수 있다고 느끼거든요. 아마 우리 모두 그렇게 느끼지 않을까요?"

"에린은 나의 영웅이에요. 그녀는 싸움의 대가죠."

"나는 〈아메리칸 뷰티〉를 두 번 봤어요. 이 영화가 왜 그렇게 나를 사로잡는지 확실히 알지 못하는 상태에서 봤죠. 지금 생각해 보니 레스터가 한 대사 때문이에요. "어떤 면에서, 나는 이미 죽었다." 우리는 많은 시간을 우리가 스스로 만든 감옥 속에서 살아가죠. 이 영화에서 내가 가장 좋아하는 장면은, 레스터가 다니던 직장에서 가볍게 걸어 나오며 뒤돌아보고는 "내가 여태껏 왜 그렇게 많은 시간을 저 안에서 보냈을까?"라고 말하는 장면이에요."

"남자들은 〈아메리칸 뷰티〉를 참 많은 각도에서 보게 되죠. 그 영화에는 여자들의 눈치를 살피지 않을 자유, 직장에서 굽실거리지 않을 자유가 있고, 무책임의 달콤함이 있죠. 보서서 아시겠지만, 〈쇼생크 탈출〉에서 탈옥하는 것 못지않게 멋지죠."

모든 감동을 주는 이야기의 핵심은 두려움과 맞닥뜨리는 것이다. 시나리오 작가들은 이 두려움을 적대감이라 부른다. 이야기에서 에너지와 두려움 사이의 갈등은 일련의 평가를 받으며 무대에 오른다. 갈등이 결국에는 끝난다는 점에서 이야기는 만족감을 준다. 이야기에는 결말이 있는 것이다. 그래서 책을 덮을 수 있고, 극장을 떠날 수 있다.

> **66** 우리는 많은 시간을
> 우리가 스스로 만든 감옥 속에서 살아가죠. **99**

4 서류가방에서 탈출하기

  그러나 인생은 할리우드 영화가 아니다. 우리가 대면한 악마를 격파하고 숲에서 나와 영원히 행복하게 사는 경우는 거의 없다. 삶은 이런 이야기의 연속이다. 우리는 매일 한 권의 책을 쓴다. 우리는 에너지와 두려움 사이의 갈등을 풀어가는 것을 절대로 멈추지 않는다. 하지만 여기에서 오는 긴장감을 생산적으로 이용할 수는 있다.

  서류가방 안에서 살아간다는 것은 자신에게 생명력을 주는 것과 자신이 두려워하는 것 사이를 그저 계속 오가는 것이다. 당신이 서류가방 안에서 생존하고 있다면, 당신에게 있어 최선은 완벽하게 갇혀 사는 것이다.

  심리학자이자 저자인 도로시 로우[*]는 어떤 종류의 사람이냐에 따라 그 성향에서 비롯되는 두 가지 기본적인 두려움이 있다고 주장한다.

*도로시 로우Dorothy Rowe: 호주 출신 심리학자겸 저자.
주 관심분야는 우울증이며 현재 영국에서 활동하고 있다.

1 만약 당신이 내향적인 사람이라면 — 나처럼 — 스스로 머릿속에서 세상에 대해 이해하려고 노력하기를 더 좋아하고, 그렇게 이해한 것을 세상에 나가 시험해 본다. 당신에게 기본적으로 가장 두려운 것은 무질서이다. 사람들이나 일이 마구잡이에 예측불허인 혼돈 상태이다. 일정한 패턴을 볼 수 없을 때 괴로워한다.

2 만약 당신이 외향적인 사람이라면, 다른 사람들과 관계를 맺으면서 세상을 이해하려고 노력하고, 그 경험이 당신의 관점을 형성하는 데 도움이 된다. 당신에게 기본적으로 가장 두려운 것은 사람들이 당신을 멀리하는 것이다. 그들이 당신과 함께 있지 않아 삶이 견딜 수 없어진다. 사랑받지 못할 때 괴로워한다.

다른 모든 것 못지않게 사랑받지 못한다는 게 나에게도 겁이 나니까, 내 생각에 다소 개괄적인 접근이지만, 도움은 되는 말이다.

당신에게 생명력을 주는 것뿐만 아니라 당신이 두려워하는 것을 아는 게 중요하다. 그렇지 않으면, 어디서든 주인공이 되기 어렵다. 당신이 두려워하는 것을 알아내려면 아주 조금 성찰의 시간이 필요하다. 이제 그 성찰의 시간을 갖고자 한다. 조금만 참아보라. 나도 이건 정말 싫다.

5 내 일상의 에너지와 두려움 들여다보기

영화감독에게 가장 중요한 도구는 영화 편집용 프린트이다. 그날 찍은 영화 필름을 말한다. 전체 이야기 안에서 촬영한 부분이 어떻게 진행되어 갈지 이해할 수 있게 도와주는 것이다. 이 장면이 어떻게 작용할까? 이야기를 진척시킬까? 이 장면에 감정적인 진실함이 보이나? 등장인물의 성격이 드러나는가?

큰 스크린을 앞에 두고 앉아라. 이 영화는 오직 당신만을 위해 상영한다. 당신의 인생이 스크린 위에 펼쳐진다. 팝콘과 메모지도 함께 하라. 첫 장면이 흐른다 ……

살아간다는 것이 매일, 매일 반복적인 일의 연속이므로 이 아이디어를 이용해 보자. 우선 지금은 당신의 생활 중 직장에서나 업무를 보는 상황으로만 제한해 보자. 하루를 정하라. 아무 날이라도 좋다. 두 개의 큰 원을 그려라. 하나는 에너지라고 제목을 붙이고, 다른 하나는 두려움이라고 제목을 붙여라.

나의 에너지

　원 안에 당신의 하루 중 에너지나 진실함을 경험한 순간을 적거나 그려보라. 당신이 이런 느낌을 받았을 때를 어떻게 아는지 나로서는 알 길이 없지만, 당신이 그 순간을 확실히 알 거라고 나는 믿는다. 당신이 누군가와 대화할 때 이런 걸 느꼈을 수 있고, 혼자 있을 때 당신의 머릿속에서 느꼈을 수도 있다. (나 같이 내향적인 사람은 이런 경우가 자주 있다.) 그 순간 당신은 중요하게 느껴지는 무언가를 발견한다. 당신이 누구인지 제대로 느끼게 하는 무언가를 한 것이다. 잠시 동안이라 할지라도 당신은 우주와 조화를 이루었다. 여기 두 가지 사례가 있다.

"좀 하찮게 들릴지 모르지만, 내가 해야 할 일 목록에서 맨 마지막 항목에 줄을 그어 없애고 있는 내 모습이 보여요. 나는 일을 끝마치는 게 너무 좋아요. 내가 스스로 내 자신에게 부과한 일을 해내는 게 좋아요. 뿌듯한 기분이 들어요."

"두 명의 동료와 함께 고객의 사업에 대해서 여러 가지 아이디어를 브레인스토밍하며 웃고 있는 내가 보입니다. 수월하고 생산적으로 느껴져요."

이제 당신이 에너지를 느꼈던 장면을 머릿속에 떠올려라. 그 장면이 당신 앞에서 상영되고 있다고 상상하라. 보고, 듣고, 느껴라.

이 장면에 두 가지 간단한 질문을 적용하라. 왜 이 상황이 당신과 당신의 이야기를 제대로, 또 진정으로 느끼게 하는가? 당신과 절친한 친구는 이 장면이 당신에 대해 무엇을 이야기하고 있다고 말하는가?

어서 한번 해 보라. 질문해 보라. 아주 좋은 연습이다. 이 연습으로 당신은 일터에서 당신이 무엇을 위해 사는지 확인할 수 있을 것이다. 직장에서의 삶의 목적은 알아야 할 가치가 있다.

Step 2   두려움이 느껴지는 장면

나의 두려움

두려움의 원 안에서는 당신이 두려움이나 그와 비슷한 심리, 의심, 불확실성, 근심 같은 것을 느꼈던 순간을 찾아내 보라. 어떤 상황이었나? 누가 또는 무엇이 연관되었나? 당신의 신체 중 어디에서 이런 느낌을 받았는가? 여기 두 가지 사례가 있다.

"나는 고객과 전화 통화를 하고 있었죠. 그는 아주 퉁명스럽고, 짜증이 나 있었어요. 그 고객은 우리가 약속한 몇 가지 결과를 원했지만, 우리는 그걸 해줄 수가 없었죠. 찡그린 얼굴로 전화를 받으며, 약속을 지키지 못했다는 어리석은 패배감에 휩싸여, 뭔가를 마구 휘갈겨 쓰고 있는 내가 보여요."

"제안서를 작성하려고 애쓰고 있지만 매번 주의가 산만해지는 내 모습이 보여요. 마감일을 맞추려면 오늘 끝마쳐야 하는데, 저녁때까지 끌고 가다가 꼭 밤이나 돼서야 끝마칠 것 같아요."

이제 당신이 두려움을 느꼈던 순간을 머릿속에 떠올려라. 그 장면이 당신 앞에서 상영되고 있다고 상상하라. 보고, 듣고, 느껴라.

당신이 두려움을 느꼈고, 두려움을 느끼고 있다고 인정하라. 괜찮다. 두려움을 느낀다는 것은 우리 모두의 인생에서 되풀이해서 일어나는 특징이므로 부끄러워할 일이 아니다. 사실 두려움은 필수적인 것이다. 당신 자신의 이야기를 막아서고 있는 것이 무엇인지 당신에게 알려주기 위해 두려움은 존재한다.

이제 앞에서 한 것과 비슷한 질문을 해 보자. 이 장면에서 당신은 왜 겁을 먹거나 불확실한 느낌을 받았나? 무엇이 위태로운가? 내가 잃어버릴지도 모른다고 두려워하는 것이나 피해를 봤다고 느끼는 것은 무엇인가? 내 친한 친구는 이 상황에 대해 나에게 어떤 말을 해 줄까?

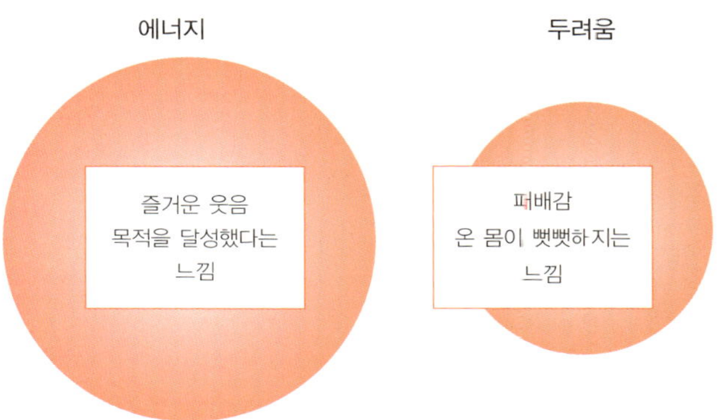

Step 3 에너지와 두려움의 관계

이런 영상이나 순간의 이미지는, 일할 때 존재하는 당신의 에너지와 두려움 사이의 긴장감에 대해 무언가를 말해준다. 위에서 한 연습을 3일 동안, 가능하면 연속해서 해 보라.

그러면 당신의 이야기를 위한 세 가지 통찰력을 얻게 될 것이다.

첫째, 직장에서, 또는 일하면서, 당신의 에너지와 생명력을 어떻게 느끼느냐이다. 이 느낌은 아주 소중하다. 당신이 스스로 좋게 그리고 진실 되게 느낀다는 살아 있는 증거이기 때문이다.

둘째, 당신이 두려워하는 것에 대해 더 확실히 아는 것이다. 당신의 에너지와 진실을 가로막고 있는 것에 대해 더 확실히 아는 것이다.

셋째, 이 둘 사이의 관계이다. 당신이 사랑하는 것과 두려워하는 것은 일정하게 되풀이되는 같은 패턴 안의 일부분이므로, 당신이 사랑하는 것(적극적으로 추구하는 가치)을 더 많이 하면 할수록, 당신 안에 두렵거나 의심스럽게 느끼는 것(적대자)과 함께 작용할 수밖에 없다.

당신이 에너지와 두려움을 이해하고 잘 이용한다면, 이 둘은 생산적인 긴장감 속에 있을 것이고, 그렇지 않으면 당신은 둘 사이를 갈팡질팡하다 무기력해지고 말 것이다.

다음은 이 아이디어를 자신의 일에 활용한 사람들의 이야기이다.

"디자이너로서 나는 표현과 창조를 사랑해요. 그렇지만 마감일과 제한을 (그리고 그런 제한을 가하는 사람들을) 두려워하죠. 나는 열려 있는 가능성을 좋아하지만, 시간적인 제약 때문에 가능성이 닫혀 버리는 것은 정말 싫어요. 여기서 내가 이야기하고자 하는 것은 시간을 만들려고 노력해야 한다는 거예요. 제약 때문에 내 자유가 고양될 수 있다는 점을 깨닫는 것이죠. 한계가 없다면 나는 길을 잃고 말 거예요. 완전한 표현의 자유는 환상이죠. 이걸 여전히 원하고는 있지만요!"

"내 하루의 영상을 그려 보면, 프로젝트를 의뢰받고 완료하는 것은 좋아하지만, 프로젝트를 의뢰한 고객과 접촉하는 것에는 불안해하는 나의 패턴이 보여요. 고객이 없다면 내가 좋아하는 일을 할 기회도 사라질 것이고, 비록 나를 긴장하게 한다 해도 그들과 좋은 관계를 유지하는 것이, 프로젝트 매니저로서 내가 하는 일 중 가장 중요한 부분이라는 데에 생각이 미치죠. 이 긴장감을 생산적인 것으로 만든다는 게 쉽진 않지만, 그렇게 해야만 하겠죠."

6 요약

이야기의 정수는 우리에게 가장 중요한 것과 우리가 두려워하는 것 사이의 갈등이다. 영화나 소설은 이 갈등을 극적으로 표현하고, 우리에게 감동을 주는 결말을 보여준다.

하지만 일상의 전면에서 하루하루를 힘들게 살아가는 우리에게 이 갈등은 항상 존재한다. 우리가 적극적으로 추구하는 가치나 에너지와 이를 막아서는 것 사이에서 우리는 매일 도전한다. 이 대립하는 힘은 대부분 우리 스스로 머릿속에서 만든 것이다.

갈등의 두 세력을 확실히 깨닫는 것이 생산적인 긴장감을 만들어내는 첫걸음이다. 당신의 에너지를 소중히 하고, 당신의 두려움과 함께 살아가라. 두려움은 점점 무의미해질 것이다.

영화 〈에린 브로코비치〉의 마지막 장면에 셔릴 크로우[*]가 부른 〈날마다 구부러진 길Every Day Is A Winding Road〉이 흐르는 데는 그 나름의 이유가 있다.

*셔릴 크로우Sheryl Crow: 미국 싱어송라이터로 배우와 사회운동가로도 활동하고 있다.

날마다 구부러진 길
나는 조금씩 가까이 다가가네

사실이다. 당신은 매일 조금씩 다가간다. 때론 이 사실이 힘겹게 다가올 수 있다. 때론 당신이 어딜 향해 가고 있는지 기억하기가 어려울 것이다. 그리고 자주 알 수 없는 일들이 당신을 그 길에서 벗어나게 할 것이다. 하지만 견뎌보라. 에린과 레스터, 앤디 듀프레인을 생각하라.

당신 자신을 생각하라.

행운을 빈다.

나의 이야기

설득의 스토리텔링

How to Move
Minds and Inf

비즈니스
현장에서
유용한 이야기들

이 이야기는 요즘에 와서 점점 더 자주 들리는데, 지나친 성과주의를 바로잡기에 완벽한 이야기이다.

한 어부가 동생과 함께 부둣가에서 맥주를 마시며 느긋한 시간을 보내고 있었다. 그날 잡은 생선을 시장에 가서 모두 팔고, 느지막한 오후의 햇볕 아래서 휴식시간을 갖고 있었다. 휴가 중인 한 사업가가 그들에게 다가왔다.

"이봐요, 당신네들, 이 일대를 다 쓸어버릴 수도 있겠는데."

"무슨 말씀이시오?" 어부가 물었다.

"이 근처에서는 생선이 잘 잡히지 않소. 내 생각에 우리가 함께 일해 볼 수도 있겠는데. 내가 돈을 좀 빌려줄 테니 배를 한 척 더 사서, 배 두 척을 부리면 낫지 않겠소."

"그러면 우리에게 뭐가 좋죠?"

"글쎄, 생선을 더 많이 잡을 수 있고, 시장에서 가격도 더 잘 받을 수 있고, 돈도 더 많이 벌 수 있지 않겠소. 아마 사업을 곧 일으킬 수 있을 거요. 아! 선단船團을 꾸밀 수도 있겠군!"

"그러면 우리에게 뭐가 좋죠?"

"돈이 들어오는 것을 보면서, 우선은 고기잡이를 덜 할 수 있지 않겠소?"

"그러면 우리에게 뭐가 좋죠?"

"그러면 느긋하게 앉아서 편히 쉬면서 햇볕을 즐길 수 있겠지."

어부가 눈부신 햇살을 가리려고 모자를 고쳐 쓰고, 맥주를 다 비우고, 바다를 바라보았다. 그리고는 사업가에게 말했다.

"휴가나 즐겁게 보내시오."

조직의 리더들에 대해 유독 많은 이야기가 있다. 아마 실용적이고 심리적인 측면에서 우리가 그들에게 부여하는 권한 때문일 것이다. 그들은 자주 멀게 느껴질 수 있으므로, 그들 자신을 위해서라도 인간적으로 보이는 게 필요하다.

몇 년 전 나는 바클레이즈[*]와 함께 일하고 있었다. 지금도 그렇지만, 그때도 경영진의 핵심 인물 중 한 명이 존 발리라는 사람이었다. 키 크고 통찰력 있고 예리한 존은 딱 들어맞는 멋진 맞춤 양복과 멜빵으로 유명했다. 그러나 존의 큰 키와 영향력 때문에 그를 잘 모르는 사람들은 다소 멀게 느끼는 듯했다.

변화를 위한 새로운 계획의 일부분으로, 존이 회사 관리자들의 비공식적인 모임에서 연설하기로 했다. 이 모임은 영화관에서 열렸고, 가벼운 분위기를 내기 위해 모든 연사는 폴로셔츠 차림을 하도록 요청받았다.

존이 연설하기 위해 일어섰고, 청중은 그가 금융 산업의 현황에 대한 날카롭고 체계적인 연설을 하지나 않을까 하여 조용해

졌다. 그는 입을 열자마자 이렇게 말했다.

"내가 지금 여기에서 해야 하는 가장 중요한 일은, 멜빵이 없는 상황에서 내 바지가 흘러내리지 않게 하는 것입니다."

거기 있는 모든 사람은 포복절도했다. 그가 한 말은 겉보기에는 근엄한 사람도 우리만큼 인간적일 수 있다는 의미로 몇 달 동안이나 은행에서 회자되었다.

*바클레이즈Barclays: 영국의 주요 다국적 금융 서비스 회사

두 명의 영업사원

20세기 초, 한 신발회사가 국제적인 사업 확장을 해보려는 노력의 일환으로, 영업사원 중 두 명의 젊은이를 시장 조사 목적으로 개발도상국에 보냈다. 그들이 각각 전보를 보내왔다.

전보 1   나쁜 소식. 현지인 아무도 신발을 신고 있지 않음.
전보 2   좋은 소식. 현지인 아무도 신발을 신고 있지 않음.

아인슈타인은 모든 것은 가능한 단순해야 한다고 말했다. 내가 전에 함께 일했던 카피라이터인 조는 이 말의 열렬한 신봉자였다. 광고 포스터 문구를 창작하는 것이 조가 하는 일이었다. 운전하며 지나가는 사람들에게 효과적으로 작용할 수 있으려면, 포스터의 문구가 분명하고 시선을 사로잡을 수 있어야 한다는 것을 그는 잘 알고 있었다.

나는 고객의 사업과 제품에 대해 보고, 듣고, 이해한 다음 조에게 브리핑했고, 그의 끝을 모르는 질문에 굴복해 묵묵히 대답하곤 했다. 그리고서 그는 이틀 정도 사라졌다가, 위트와 대담함으로 아이디어의 정수를 포착한, 기발한 세 단어로 된 선전 문구를 가지고 돌아왔다.

"정말 기가 막힌데, 조."

나와 고객이 이렇게 말하면, 조는 구부정하게 앉아 고개를 저으며 말하곤 했다.

"아냐. 만족스럽지가 않아. 너무 길어."

그리고는 또다시 사라진다.

며칠이 지나 그가 나타난다. 인쇄 데드라인이 다가오고 있었
다. 신경이 점점 곤두서기 시작한다. 조는 사무실을 정처 없이
서성댄다. 선전 문구는 고무적으로 응축돼 두 단어의 결정타로
태어난다. 박수갈채가 절로 터져 나온다.

"아직 아니야."

조는 3일 동안 깎지 못한 턱수염을 긁적이며 말한다.

이틀 뒤, 고객은 거의 격분한 상태이고, 인쇄업자가 문을 쾅쾅
두드리는 상황에서, 팩스가 완벽한 한 단어를 뱉어낸다. '이제야
만족스럽군'이라는 조의 말과 함께.

다음은 수도원에서 7년간의 수도 생활을 마치고, 세상을 보고 오라는 말을 들은 수도사에 관한 이야기이다.

수도사는 여행 중에 도시의 외곽 끝에서 한 광경과 마주했다. 엄청나게 많은 일꾼이 벌판에 흩어져 있었고, 거대한 바위와 널빤지들이 현장에 널려 있었다. 수도사는 좀 더 큰 바윗덩이를 바쁘게 망치질하고 있는 한 일꾼에게 다가갔다.

"여기서 지금 무슨 일이 벌어지고 있는 건가요?" 수도사가 물었다.

그 일꾼은 하던 일에서 눈을 떼지 않고 대답했다.

"잘 모르겠소, 친구. 나는 이 바위를 깨뜨리라는 말 밖에는 들은 게 없소."

수도사는 현장을 거닐다 또 다른 비슷한 일을 하고 있는 일꾼 옆에 멈춰 섰다

"여기서 지금 무슨 일이 벌어지고 있는 건가요?" 수도사가 다시 물었다.

"확실히는 모르지만, 내일까지 저기 저 사람들이 하고 있는 것

과 거의 같은 크기의 돌덩어리 여섯 개를 내가 깎들어야 한다는 것은 알고 있어요."

영문을 모르는 수도사는 그 현장의 한가운데로 가서 또 다른 일꾼에게 같은 질문을 했다. 이 사람은 하던 일을 멈추고, 망치를 내려놓고, 수도사에게 인사했다.

"저기 수사님 앞에 약 15미터가량 떨어진 저 곳이 보이시나요? 저곳이 제단이 설 자리입니다. 제가 지금 하고 있는 일과 관련이 있죠. 보시면 아시겠지만, 우리는 대성당을 짓고 있어요."

1970년대 불경기의 우울함 속에서, TV를 만드는 히타치 일본 공장은 조업 단축에 들어갔다. 공장 직원들은 건물을 다시 칠하고, 정원을 매만지고, 기계를 청소했다. 상급 관리자들은 점점 더 불안해졌다. 결국 현장 감독이 관리자들을 찾아갔고, 더 이상 견딜 수 없는 상황까지 왔다고 말했다. 관리자들의 불안감은 도움이 되지 않았다. 수요가 없었기 때문에 감독할 생산품이 없었다.

그들은 어떻게 수요를 창출할 수 있었을까? 일본 내에서는 아무런 수요가 없었으므로, 해외로부터 수요가 있어야만 하는 상황이었다. 일단의 관리자들이 히타치 부서 안에 최초로 국제 영업부를 조성했다. 그리고 나머지 이야기는 여러분이 알고 있는 그대로다. 히타치는 세계 시장으로 나아가 글로벌 그룹으로 발전했다.

지휘관과 폭도

19세기 파리에서 있었던 수많은 폭동의 와중에, 한 육군 소대 지휘관이 시 광장에 모인 폭도들에게 발포하여 광장을 비우라는 명령을 받았다.

지휘관은 군인들에게 소총을 군중에게 겨누그 사격 자세를 잡으라고 명했다. 무시무시한 침묵이 내려앉자, 지휘곤은 칼을 뽑아 들고 목청껏 소리 쳤다.

"신사 숙녀 여러분, 저는 폭도들에게 발포하라는 명령을 받았습니다. 하지만 지금 제 앞에는 다수의 선량하고 존경할만한 시민이 보입니다. 저희가 안전하게 폭도들을 향해 발포할 수 있도록 선량한 시민은 이 자리를 떠나 주시길 정중히 요청합니다."

광장은 3분 만에 텅 비었다.

전기회사가 가장 흔히 받는 전화 문의 중 하나는 고지서와 관련된 문의이거나 요금 합의에 관한 것이다. 어떤 한 회사가 고객과 전화 통화를 할 때, 비교적 적은 액수에도 "상부에 알아봐야 합니다"와 같은 말을 자주 해야 하는 복잡한 시스템을 운용하고 있었다.

새로 온 서비스 매니저가, 동료 매니저들이 모두 고개를 저으면서 안 될 거라고 하는데도, 고객서비스 직원들 각자에게 훨씬 많은 재량권을 허용했다. 그들이 고객과 협상할 수 있는 한도 금액을 10파운드에서 무제한으로 바꾸고, 전화 문의의 대부분을 알아서 처리하도록 했다.

결과는 어땠을까? 요금 합의 때문에 회사가 지급해야 하는 총 금액이 사실상 내려갔다. 직원들에게 권한을 준다고 해서 남용하지 않는다는 사실을 그 매니저가 입증했다. 또 회사 자금에 대해 직원들이 더욱 민감하게 느끼는 효과도 가져올 수 있었다.

월트 디즈니와 은행가들

이 이야기는 사실이다. 20명의 은행가에게 사업 구상을 이야기하며 투자하도록 설득하는 것도 상상하기 어려운데, 300명이라니 ……

'만약 처음에 성공하지 못하면, 몇 번 더 시도하고 그만둬라. 그것 때문에 바보가 될 필요는 없다.' W. C. 필즈[*]

월트 디즈니가 첫 번째 테마 파크를 만들기 위해 재정적인 도움을 찾아다닐 때, 그가 제대로 된 지원을 받기 전 사업 계획을 가지고 찾아 갔던 은행이 300개가 넘었다.

[*]W. C. 필즈W. C. Fields(1880~1946): 미국 코미디언이자 배우, 작가

이 이야기는 스티브 비덜프*의 《행복한 아이들의 비밀The Secret of Happy Children》에서 가져왔다. 두 번 정도는 읽어보라. 보기보단 미묘한 면이 있다.

베라는 그녀의 8살짜리 아들 데일이 어떻게 아주 조금씩 신경질적인 아이가 되어갔고, 그 때문에 데일 자신과 주위 사람들에게 어떻게 문제가 되었는지 자세히 이야기했다. 데일이 한 번 크게 폭발한 다음, 베라는 그 문제에 대해 진지하게 생각해보고, 독창적인 해결책에 착수했다.

베라는 아이들에게 한 번도 보여준 적 없는 먼지가 쌓인 오래된 가족 앨범을 꺼내와 데일과 함께 찬찬히 훑어보았다. 베라는 다양한 가족의 가장들을 손가락으로 짚으며 알려주었다. 할아버지 레스, 작은할아버지 알프, 재종조할아버지 데릭 ……. 그들이 어디에서 살았고 무슨 일을 했는지도 이야기해 주었다.

"작은할아버지 알프는 좋은 분이었지만 아주 고집스러웠지. 레스 할아버지는 어렸을 때 걸핏하면 화를 냈다고 사람들이 그러더구나."

이 이야기가 어디로 흘러갈까 데일이 궁금해하는 사이 이야기
가 잠시 멈추었다. 베라는 그저 앨범을 넘겼다.

"할아버지의 화내는 성격이 어떻게 됐는데요, 엄마?"

"어, 내 생각에 아마 그냥 없어져 버린 것 같아. 여기 봐봐, 이
게 할아버지가 선수로 있던 크리켓팀이야 ……."

곧 다른 아이들이 들어왔고, 베라는 아이들끼리 앨범을 보게
놔두고 차를 마시러 방에서 나왔다. 데일은 물론 고집이 여전히
세지만, 그 뒤로 다시는 화를 내지 않았다. 데일의 신경질적인
성미는 내 생각에 아마 그냥 없어져 버린 것 같다.

*스티브 비덜프Steve Biddulph: 호주의 베스트셀러 작가이자 사회운동가,
심리학자. 많은 영향력 있는 책을 썼고, 육아와 남자아이들의 교육에 관해
전 세계를 돌아다니며 강의하고 있다.

이 이야기는 존 파울스*의 소설 《마법사》에 나온다. 많은 의미를 담고 있는 이야기이지만, 나는 읽을 때마다 우리는 거의 항상 누군가의 마법에 걸려 살고 있다는 교훈을 얻는다.

옛날에 세 가지만 빼고 모든 것을 믿는 왕자가 있었다. 그는 공주를 믿지 않았고, 섬을 믿지 않았으며, 신을 믿지 않았다. 왕인 그의 아버지는 왕자에게 그런 것은 존재하지 않는다고 말했다. 아버지의 영토에는 공주나 섬이 전혀 없었고, 신의 흔적도 찾아볼 수 없었으므로, 왕자는 아버지의 말을 믿었다.

하루는 왕자가 궁전을 떠나 옆 나라로 갔다. 놀랍게도 그곳에서는 모든 해변에서 섬을 볼 수 있었고, 섬 안에는 기묘하고 마음을 어지럽히는, 이름을 붙일 엄두조차 나지 않는 존재가 있었다. 왕자가 배를 찾고 있을 때, 해변을 따라 예복을 차려입은 한 남자가 왕자에게 다가왔다.

"저것들이 실제 섬인가?" 왕자가 물었다.

"물론이죠. 실제 섬이랍니다." 예복을 입은 남자가 말했다.

"저 기묘하고 마음을 어지럽히는 것은 무엇인가?"

"그들은 모두 진짜 살아 있는 공주들입니다."

"그럼 신도 존재하는 게 틀림없군!" 왕자가 소리쳤다.

"내가 신입니다." 예복을 입은 사람이 머리 숙여 절하며 대답했다.

어린 왕자는 가능한 한 빨리 집으로 돌아왔다.

"그래, 돌아왔구나." 왕인 아버지가 말했다.

"저는 섬과 공주와 신을 봤어요." 왕자는 원망스럽다는 듯 말했다.

왕은 흔들리지 않았다

"진짜 섬도, 진짜 공주도, 진짜 신도 존재하지 않는다."

"제가 봤다고요!"

"신이 어떤 옷을 입고 있었는지 말해 보렴."

"신은 예복을 차려입고 있었어요."

"상의의 소매를 말아 올렸든?"

왕자는 신의 소매가 말아 올라가 있었던 것을 기억했다. 왕은 미소 지었다.

"그건 마법사복이다. 너는 속은 거야."

이 말에 왕자는 옆 나라로 다시 돌아가 같은 해변으로 갔고, 거기서 다시 한번 예복 입은 남자를 만났다.

"내 아버지인 왕께서 네가 누구인지 말해 주었다." 왕자는 분해하며 말했다. "지난번에 너는 나를 속였지만 다시는 그러지 못할 거야. 나는 이제 저것들이 진짜 섬이나 공주가 아님을 알고 있어. 왜냐하면 네가 마법을 부린 거니까."

해변 위의 남자가 미소 지었다.

"속은 것은 너란다. 애야. 네 아버지의 왕국에는 많은 섬과 공주가 있지. 하지만 너는 네 아버지의 마법에 걸려 있어서 그것을 볼 수가 없는 거란다."

왕자는 시름에 잠겨 집으로 돌아왔다. 왕자는 아버지를 보자 그의 눈을 똑바로 쳐다보았다.

"아버지, 아버지가 진짜 왕이 아니고 그저 마법사일 뿐이라는 게 사실인가요?"

왕은 미소 지으며 소매를 말아 올렸다.

"그렇단다, 내 아들아. 나는 단지 마법사란다."

"그러면 해변에 있던 남자는 신이었나요?"

"해변에 있던 남자는 또 다른 마법사란다."

"나는 참된 진실을 알아야겠어요. 마법을 벗어난 진실을요."

"마법을 벗어난 진실은 없다." 왕은 말했다.

왕자는 슬픔으로 가득 찼다.

"죽어 버릴 거야." 그는 말했다.

왕은 마법으로 사신死神을 나타나게 했다. 사신이 문간에 서서 왕자를 손짓하며 부르자 왕자는 몸서리쳤다. 그는 아름답지만 비현실적인 섬과 비현실적이지만 아름다운 공주를 떠올렸다.

"좋아, 이런 것쯤 참고 견딜 수 있어." 왕자는 갈했다.

"내 아들아, 너도 이제 마법사가 되어 가는구나!" 왕이 말했다.

▶ 당신이 들었던 비즈니스 현장에서 유용하게 쓰일 수 있는 이야기들을 다음 페이지에 적어 보세요.

기억해 두고 싶은 유용한 이야기

설득의 스토리텔링 세미나

✳ 설득의 스토리텔링이란?

스토리를 이용한 커뮤니케이션 방법은 타인의 마음의 문을 열어 새로운 아이디어나 가치관 등을 더욱 쉽게 받아들일 수 있도록 해줍니다. 이처럼 설득의 스토리텔링 과정은 개인적 차원을 벗어나 조직적 차원에서 조직의 재창조 및 조직 혁신을 위한 설득의 방법을 제시해 줄 것입니다. 본 세미나에서는 사람들의 마음을 움직일 수 있는 스토리를 활용하고, 개발하는 방법을 제공합니다.

콘셉트 1	**| 사람들이 설득에 저항하는 이유 |** 사람은 누구나 독립적이다. 따라서 타인에게 영향받거나 설득되어 나의 태도나 의견을 바꾸고 싶어하지 않는다.
콘셉트 2	**| 다른 사람을 움직이는 가장 좋은 방법 |** 타인도 나와 비슷한 경험을 하게 한 후 스스로 생각을 바꾸게 하는 것. 그런데 직접적인 경험을 하는 데는 현실적인 시간과 공간의 한계가 있다.
콘셉트 3	**| 설득의 스토리텔링 |** 스토리텔링은 사람들이 스토리를 통해 상상하여 간접 경험을 하도록 도와주는 설득법이다.

✳ 교육 개요

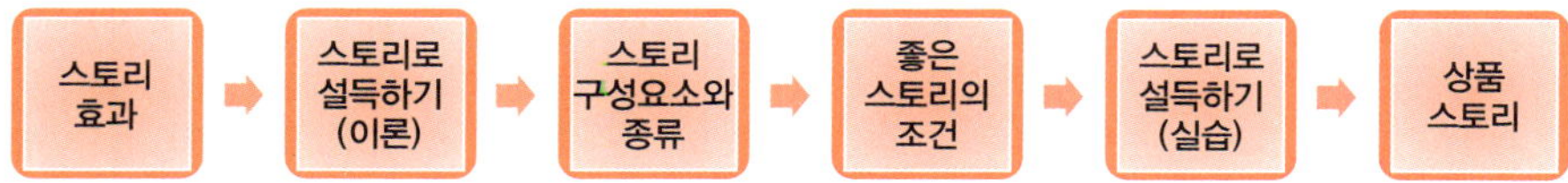

✳ 교육 특징

이해	• 스토리텔링의 필요성과 이해 • 스토리텔링을 활용한 설득의 방법 및 프로세스 이해
활용/적용	• 스토리텔링 활용 방법: 상황별, 주제별, 대상별 스토리텔링 활용법 • 설득의 스토리 개발 요령 및 유의점
실습	• 스토리 만들기와 전달하기 실습 • 스토리텔링 커뮤니케이션 강의 모듈 구성

✳ 과정 안내

문의 및 신청

세미나 일정은 www.learnerkorea.com에서 확인하실 수 있습니다.
Tel) 02-751-9723 E-mail) myoh@learnerkorea.com